Risotto

Collection
Rolf Heyne

Risotto

Collection Rolf Heyne

Inhalt

Risotto – heimlicher Pastakonkurrent

Heiß dampfende, cremige Risotti werden auch bei deutschen Gourmets von Jahr zu Jahr beliebter. Bei immer mehr Restaurants, nicht nur italienischen, steht mittlerweile ein Risotto auf der Speisekarte, je nach Jahreszeit mit Spargel, Pilzen, Radicchio, Safran oder mit Wein und Parmesan. Die Möglichkeiten sind genauso grenzenlos wie bei der längst eingebürgerten Pasta.

Mit einem perfekt zubereiteten Risotto kann der Koch bei seinen Gästen punkten, denn der Genießer weiß: Hier ist Fingerspitzengefühl gefragt! Cremig schmelzend – also »all'onda« (italienisch onda: die Welle) muss der Risotto sein, aber die Körner müssen unbedingt noch Biss haben. Das Geheimnis ist die Wahl der richtigen Reissorte, hinzu kommen einige Küchenkniffs und eine Portion Kreativität. Und nicht zuletzt Gäste, die bereit sind, auf den Risotto zu warten. Denn in Italien lautet die oberste Regel für einen guten Risotto: Der Gast wartet auf den Risotto und nicht umgekehrt. Ein paar Minuten zu lange auf dem Herd, und schon wird aus einem leckeren Risotto ein matschiger Reisbrei.

Hat man aber das italienische Reisgericht schon einige Male zubereitet und dabei ein paar Erfahrungen gesammelt, ist es wirklich ein Kinderspiel, und man erntet dafür Lob und Anerkennung. Hinzu kommt, dass nur wenige Zutaten benötigt werden. Risottoreis und Olivenöl sind im Vorratsschrank, etwas frisches Gemüse und ein Stückchen Käse aus dem Kühlschrank und mit einer Prise Fantasie entsteht in höchstens 30 Minuten ein köstliches, leicht bekömmliches Gericht – eine Wohltat für Körper und Seele.

Körner mit einer bewegten Geschichte

Die Frage nach dem genauen Ursprung der Pasta sorgt in Italien immer wieder für Aufregung! Schlug die Geburtsstunde im Stiefelland oder brachte der Venezianer Marco Polo die Teigwaren von seiner Asienreise mit? Beim Reis gibt es keine solchen Zweifel. Der Reis startete seine Karriere nicht in Italien, da ist man sich einig. Asien ist die Heimat der kleinen Körner und das bereits seit mindestens 7000 Jahren. Bis die Reispflanze in Europa angepflanzt wurde, dauerte es jedoch einige Zeit.

Die erste Bekanntschaft mit dem exotischen Getreide machte man in Mazedonien, Griechenland, Sparta und Rom, etwa 330 v. Chr., durch die Eroberungszüge Alexanders des Großen. Mit der Eroberung der iberischen Halbinsel durch die Mauren ab dem 8. Jahrhundert n. Chr. kamen die Reispflanze und die Technik des Reisanbaus nach Spanien und Portugal. Erst im 15. Jahrhundert begann man auch in Italien Reispflanzen zu kultivieren. Bald stellte sich heraus, dass der Anbau in der Poebene erfreuliche Ergebnisse brachte.

Die erste schriftliche Erwähnung des Reisanbaus in Italien findet man im Briefwechsel zwischen der Fürstenfamilie Sforza aus Mailand und der Adelsfamilie Estensi aus Ferrara. Die Sforza übersandten Säcke mit Reissaat und Begleitpapieren an die Ferraneser Adeligen. Mitte des 15. Jahrhunderts beschrieb der Koch des Patriachen von Aquileia, Maestro Martino, in seinem kulinarischen Werk »Libro de arte coquinaria« nicht nur Möglichkeiten der Reiszubereitung, er veröffentlichte zudem das erste italienische Reisrezept: »riso con brodo di carne« (Reis mit Fleischbrühe), der Vorläufer des Klassikers »risotto milanese«. So wurde der Grundstein der italienischen Kochkunst gelegt und erstmals über schmackhafte und gesunde Lebensmittel berichtet. Dazu zählte das neue Lebensmittel »Reis«. Heute ist Reis zum Grundnahrungsmittel avanciert. In Italien werden 5 Kilogramm pro Kopf verbraucht.

Geschichte des Reisanbaus im Veneto

Der Reisanbau unterscheidet sich erheblich von den Anbaumethoden anderer Getreidearten. Voraussetzung sind flaches Gelände und viel, viel Wasser. Daher war von Anfang an neben der Poebene auch das Gebiet südlich von Verona, entlang des Mincio-Flusses bis Mantua, prädestiniert für den großflächigen Reisanbau.

Laut der alten Chroniken im venezianischen Staatsarchiv wurde am 26. April 1644 ein Antrag zum Bau einer Reismühle südlich von Verona, in der Nähe von Isola della Scala, eingereicht. Unterschrieben hatte ihn der damalige Großgrundbesitzer Domenico Cristato. 1656 war die Mühle bereits seit einigen Jahren in Betrieb. Heute ist das Gebiet rund um das kleine Städtchen Isola della Scala bekannt für seine Reisfelder und die zahlreichen kleinen und großen Reisproduzenten.

Die wohl berühmteste Riseria betreibt seit vier Generationen die Familie Ferron. Das liegt vor allem an Gabriele Ferrons Engagement und Leidenschaft für das veronesische Erzeugnis. Mit Vorträgen und Kochshows wirbt er in der ganzen Welt, sogar in China und Japan, für seinen »riso«. Für den hohen Bekanntheitsgrad der Ferrons sorgt außerdem ihre uralte Reismühle aus dem 17. Jahrhundert, die noch heute in Betrieb ist. Die »Pila Vecia«, was im veronesischen Dialekt »alter Hof« bedeutet, liegt in unmittelbarer Nähe von Isola della Scala, 15 Autominuten südlich von Verona, inmitten der weitläufigen Reisfelder. Das große Schaufelrad mit siebeneinhalb Meter Durchmesser wird durch das Wasser des Flüsschens Fossa Zenobia angetrieben. Es funktioniert noch wie anno dazumal, ebenso wie die sechs »pile«, die Tröge in denen der Reis mit Hilfe eines Mörsers von den Spelzen befreit wird.

Diese traditionelle Schälmethode erfordert viel Zeit und die volle Aufmerksamkeit des »pilota«, so heißen die Reismüller hier. Der Name leitet sich vom italienischen Wort »pila« für Reismühle ab. Wer bei Ferron einkauft, kann selbst entscheiden, ob sein Vialone Nano Veronese modern oder traditionell geschält werden soll. Viele Schulklassen besuchen die »Pila Vecia« und lernen dort, wie gesunde Lebensmittel hergestellt und zubereitet werden.

Reisanbau im Piemont

Im Jahre 1493 begannen Zisterziensermönche in dem Städtchen Trino, nahe Vercelli, Reis anzubauen. Allmählich wurden die Flächen immer größer und noch heute gleicht die Ebene einem riesigen See, der sich im Frühsommer durch die sprießenden Reispflanzen in einen grünen Teppich verwandelt. Der berühmte, zwischen 1863 und 1866 erbaute Canale Cavour ermöglichte es, das Wasser des Po in seine Zuflüsse abzuleiten. So wurde das Gebiet um Vercelli gleichmäßig mit ausreichend Wasser versorgt. Der Reisanbau verbreitete sich zusehends, und so steht Piemont heute an erster Stelle der italienischen Reisproduktion. In Vercelli wurde 1974 eine Warenbörse gegründet, die sich neben anderen Getreideprodukten vor allem auf den Handel mit Rohreis spezialisiert hat. Nicht zuletzt deshalb ist Vercelli auch heute noch das europäische Reiszentrum schlechthin.

Wie schwer die Arbeit der Reisarbeiterinnen war, zeigt der Filmklassiker »Bitterer Reis« aus dem Jahre 1949 von Giuseppe de Sanctis. Die »mondine«, die Reisarbeiterinnen – eine davon spielt Silvana Mangano – müssen mit gebeugtem Rücken, geplagt von Stechmücken und Fröschen, im Wasser stehend Unkraut jäten. Der Film wurde auf den Reisfeldern von Vercelli gedreht.

Wo der Reis in Bella Italia wächst

Italien ist der größte Reisproduzent Europas, 50 Prozent der europäischen Gesamtproduktion kommen von dort. Auf knapp 250 000 Hektar werden ca. 1,4 Millionen Tonnen Reis pro Jahr produziert.

Die Hauptanbaugebiete liegen im Norden, denn das dortige Klima und vor allem die hohe Luftfeuchtigkeit begünstigen das Wachstum der Reispflanze. Mit etwa 180 000 Hektar ist das Piemont, mit seinen Provinzen Vercelli, Novara und Alessandria, Italiens größtes Reisanbaugebiet. Etwa 5000 Reisbauern produzieren dort um 6 Millionen Zentner Reis. Die am häufigsten angebaute Reissorte ist Arborio, benannt nach einem kleinen Dorf im Reisanbaugebiet, gefolgt von den Sorten Roma und Baldo. Immer häufiger aber entscheiden sich die Reisbauern für den Anbau von Carnaroli, der zwar eindeutig weniger Ertrag bringt als die anderen Sorten, aber aufgrund seines besonderen Geschmacks an Beliebtheit gewinnt.

In der Lombardei, entlang des Po, erstreckt sich mit 93 300 Hektar das zweitgrößte Reisanbaugebiet, vor allen um das Städtchen Pavia.

Reisflächen, so weit das Auge reicht, gibt es auch im Veneto, südlich von Verona bis Mantua. 1979 wurde dort das Consorzio per Tutela del Riso Vialone Veronese gegründet und seit 1996 ist diese Vialonesorte durch das europäische Gütesiegel I. G. P. ursprungsgeschützt, da sie die äußerst strengen Kriterien des biologischen Landbaus erfüllt. Von der Bodenbeschaffenheit bis zum Saatgut und den Anbaumethoden, Ertrag und Verarbeitung wird alles aufs Genaueste festgelegt. Neben der Hauptreissorte Vialone Nano Veronese (47 Prozent der Anbaufläche) wird hier zunehmend Carnaroli (13,5 Prozent der Anbaufläche) angebaut.

Weitere kleinere Anbauflächen befinden sich in der Emilia Romagna, in der Toskana, in Kalabrien und auf Sardinen.

Von der Aussaat zur Ernte

Jahrhundertelang war der Anbau dieser uralten Kulturpflanze unglaublich mühsam. Die »mondine« auf den Reisfeldern mussten gebückt, ständig im Wasser stehend, ihre Arbeit verrichten. Erschwerend kam hinzu, dass sich in den Feuchtgebieten die Mücken besonders wohlfühlten und sich in Scharen auf ihre Opfer stürzten. Bis in die Fünfzigerjahre des vergangenen Jahrhunderts erwirtschafteten die Reisbauern, oder besser gesagt die Saisonarbeiterinnen aus ganz Italien, auf diese beschwerliche Weise ihr Auskommen. Heutzutage ist das dank moderner Technologie viel einfacher geworden.

Die Arbeit beginnt im März mit dem Bepflügen der Böden, das heute durch ein modernes Laserverfahren unterstützt wird. Diese moderne Technik spart Zeit und ist zugleich eine optimale Vorbereitung für die Aussaat im April. Dieser Arbeitsschritt erfordert viel Erfahrung und wird deshalb häufig noch traditionell mit der Hand ausgeführt.

Unmittelbar nach dem Ausbringen der Saat werden die Reisfelder mit Wasser geflutet. Dadurch werden die Temperaturschwankungen zwischen Tag und Nacht ausgeglichen und das schädliche Unkraut im Keim erstickt. Die richtige Menge an Wasser muss der Reisbauer mit viel Sachverstand und Aufmerksamkeit bestimmen.

Rasch beginnen die Saatkörner zu sprießen, und bald verwandelt sich das braune Feld in einen leuchtend grünen Teppich. Die Gräser schießen bei den feuchtwarmen Temperaturen, die in den italienischen Reisanbaugebieten herrschen, förmlich in die Höhe.

Aus einer Reispflanze entwickeln sich ungefähr 30 Stengel, die zwischen 50 und 160 Zentimeter hoch werden. Der leicht überhängende Blütenstand besteht aus einer Rispe mit 80 bis 100 Körnern. Eine einzige Reispflanze liefert im Laufe eines Sommers 2400 bis 3000 Reiskörner.

Im Herbst ist Erntezeit

Sobald die Reisblüte zu Ende ist, färben sich die grasgrünen Felder in den italienischen Reisregionen gelb-bräunlich. Für die Reisbauern beginnt nun die Ernte. Das Wasser wird aus den Feldern abgelassen, und um den 15. September herum ist es dann so weit!

Früher wurden die Rispen mit den reifen Reiskörnern mit Sicheln per Hand von den Arbeitern abgeschnitten, heute erledigen diese überaus anstrengende Arbeit Mähdrescher. Die reifen, frisch geernteten Reiskörner werden dann weiter verarbeitet. Von 100 Kilogramm rohen, ungeschälten Körnern bleiben danach nicht mehr als 60 Kilogramm Reis übrig.

Was machen die Karpfen im Reisfeld?

Im I. G. P. Reisanbaugebiet in Veneto, das nach biologischen Kriterien bewirtschaftet wird, werden nach der Aussaat zahlreiche junge Karpfen in die überfluteten Felder ausgesetzt. Die Karpfen werden zur biologischen Schädlingsbekämpfung eingesetzt und fressen den Sommer über das unliebsame Ungeziefer. Bis zum Herbst erreichen sie ein stattliches Gewicht von 800 bis 1000 Gramm. Sobald das Wasser aus den Feldern abgeleitet wird, werden die ausgewachsenen Karpfen abgefischt und entweder in einen Teich umgesiedelt oder genussvoll verspeist – am besten zu einem Risotto.

Eine Spezialität in Isola della Scala ist Risotto mit frittierten Karpfenstreifen. Dazu werden die Karpfen halbiert, entgrätet und in Streifen geschnitten. Der Risotto wird mit Karpfenfond zubereitet. Die Fischstreifen werden in Reismehl gewendet, in heißem Olivenöl knusprig frittiert und auf dem Risotto angerichtet. Eine äußerst genussvolle Seite des biologischen Anbaus!

Vom Risone zum fertigen Riso

Die frisch geernteten Reiskörner werden zunächst in der Reismühle auf Sauberkeit und Qualität geprüft, bevor sie einer ersten »pilatura« (Schälung) unterzogen werden. Bei diesem Vorgang werden das Fruchtgehäuse und der Kornkeimling entfernt, der insbesondere für das rasche Verderben der Körner verantwortlich ist. Bei diesem ersten Dreschdurchgang entsteht der im italienischen »risone« genannte ungeschälte Reis oder Rohreis.

In der zweiten Schälung, der »sbramatura«, werden die Reiskörner von den äußeren Spelzen befreit. Dabei bleiben die wertvollen Mineralstoffe und Vitamine erhalten. Der »risone« wird jetzt als »riso sbramato« oder »riso integrale«, als Vollkornreis, bezeichnet. Der Reis ist leicht bräunlich und aufgrund seines erhöhten Fettgehaltes leichter verderblich. Ein Risotto mit »riso sbramato« schmeckt kräftiger und nussiger im Vergleich zu einem, das aus weißem Reis gekocht wurde.

Um den Reis ansehnlicher und feiner im Geschmack zu machen, werden die Reiskörner weiteren Prozeduren unterzogen, bei denen die Fruchtwände (Perikarp) sowie die feinen Fruchthäutchen, die sogenannte Aleuronschicht, entfernt werden. Damit gehen natürlich teilweise Ballaststoffe, Vitamine und Mineralstoffe verloren. Die Reiskörner enthalten aber dadurch die gewünschte charakteristische weiße Farbe und einen milderen Geschmack.

Bei der weltweit verbreiteten Parboiled-Methode werden in mehreren Schritten die Körner zunächst eingeweicht, dann mit heißem Dampf behandelt und anschließend getrocknet. Erst dann werden sie geschält und poliert. Bei dieser Behandlung werden etwa 80 Prozent der enthaltenen Vitamine und Mineralstoffe in das Innere des Reiskorns gepresst. Diese Methode eignet sich jedoch nicht für Risottoreis, da die Stärke in der Reishülle verloren geht, und somit die gewünschte Klebrigkeit.

Die Klassifizierung der Reissorten

Die italienischen Reissorten werden in 4 Gruppen klassifiziert: »comune«, »semifino«, »fino« und »superfino«, hinzu kommen zudem »parboiled« und »integrale«. Daneben gibt es in Italien jedoch viele weitere Varianten, da die Reistypen in den Regionen unterschiedlich eingestuft werden. Deshalb wird oftmals die folgende europäische Klassifizierung auf der Packung angegeben: »Riso tondo« entspricht der Klassifizierung »comune«. Die Reiskörner sind klein, nur bis zu 5,4 Millimeter lang, und rund. Sie nehmen rasch Flüssigkeit auf und verkochen schnell. Die Kochzeit beträgt etwa 12 bis 13 Minuten. Reissorten wie Balilla und Selenio werden häufig als »comune« klassifiziert. Sie eignen sich am besten für Suppen oder Süßspeisen.

Die Körner von »riso medio« oder »semifino« sind kugelförmig mit einer Länge von 5,4 bis 6,4 Millimetern und kommen bei den Sorten Argo, Cripto, Italico, Padano und Vialone Nano vor. Die Kochzeit liegt bei 13 bis 15 Minuten. Der Reis verkocht weniger schnell und bewahrt eine feste Konsistenz.

Unter »riso lungo A« oder »fino« ordnet man häufig die Reissorten Ariete, Cervo, Drago, Ribe und Sant' Andrea ein. Die spitzen Körner haben eine Länge von ca. 6,5 Millimetern und die Kochzeit beträgt 14 bis 20 Minuten. Sie eignen sich gut für Risotti, da sie beim Kochen in Form bleiben.

Die dicken, länglichen Körner des »riso lungo A« und »B« oder »superfino« müssen über 6,4 Millimeter lang sein. Reissorten wie Arborio, Baldo, Carnaroli, Roma, Volano und Gladio – mit 38 122 Hektar Anbaufläche die am weitesten verbreitete Reissorte Italiens, bei uns jedoch kaum bekannt – zählen zu dieser Klasse. Der Typ »lungo B« ist eine Art Langkornreis, der sich als Beilage oder für die Zubereitung von Salaten eignet.

»Riso integrale« ist die Bezeichnung für Vollkornreis. »Parboiled« bezieht sich auf eine Herstellungsmethode, die für Ristottoreis ungeeignet ist.

Wer die Wahl hat, hat die Qual

Arborio, auch Avorio, ein »superfino«-Typ, benannt nach dem gleichnamigen Dorf, nahe von von Vercelle in Piemont, ist im Ausland das Synonym für italienischen, hochwertigen Risottoreis. Die Reiskörner sind oval, kurz und gedrungen. Arborio wird vorzugsweise für Risotto und Timbal verwendet.

Balilla ist ein »riso tondo«, ein »comune« und die älteste Reissorte Italiens. Die kleinen, rundlichen Körner nehmen die Flüssigkeit sehr gut auf und eignen sich für Suppen, schwarzen Risotto mit Sepiafarbe oder »risi e bisi«.

Carnaroli, ein »superfino«, ist zunehmend beliebter. Die Körner sind kompakt, groß und länglich. Das Anbaugebiet dieser Reissorte ist die Region Piemont, insbesondere um die Städte Biella und Vercelli. Die Reispflanze liefert einen relativ geringen Flächenertrag und ist teurer als Vialone oder Arborio. 1945 wurde Carnaroli aus den Sorten Vialone und Lencino gekreuzt und gilt als König der italienischen Reissorten. Man bereitet daraus in erster Linie feine Risotti mit Meeresfrüchten oder Edelfischen und Frühlingsgemüse zu. Für den hochwertigen Acquerelloreis werden die Körner des Carnaroli zwischen einem und drei Jahren bei konstanter Temperatur gelagert. Dadurch werden Stärke, Proteine und Vitamine weniger wasserlöslich. Der Reis bleibt beim Kochen gehaltvoller – ein sehr beliebter Reis in der Spitzengastronomie.

Der »superfino« Roma hat, ähnlich dem Baldo, lange und große Körner, die sich außer für Risotto auch für Timbal, Reistorten und »arancini« eignen. Bei uns sind beide Reissorten jedoch kaum zu bekommen.

Vialone Nano ist ein »semifino« und eine uralte italienische Reissorte. Sie wird vor allem im Süden von Verona und in der Provinz Mantua angebaut. Die Körner sind oval mit einer guten Kochfestigkeit und von hoher Qualität. Vialone Nano ist perfekt für die Zubereitung cremiger Risotti wie Rotweinrisotto mit Radicchio, Risotto mit Hackfleisch oder mit Kürbis.

Das Geheimnis eines guten Risottos

Wer keinen Risotto mag, hat noch nie einen perfekten Risotto gegessen! Ob er schmeckt oder nicht, darüber entscheiden oft wenige Minuten. Der richtige Garpunkt ist bei Risotto fast noch wichtiger als bei Pasta – denn auch das Reiskorn muss »al dente«, also bissfest sein.

Zudem braucht ein Risotto eine gewisse Cremigkeit – je nach Region und Geschmack mal mehr, mal weniger. Im Veneto mag man es, wenn sich der Risotto im Teller leicht von einem Rand zum anderen bewegen lässt – daher die Bezeichnung »all'onda« (italienisch onda: die Welle).

In Mantua bevorzugt man dagegen einen trockenen Risotto und die Zubereitung unterscheidet sich von der im Veneto. Unter den überaus trocken gekochten Reis wird eine Fleischsauce gemischt. Vor dem Servieren wird die Mischung zusätzlich noch mit einem sauberen Tuch trocken getupft und mit Zimtpulver bestreut.

Entscheidend für das optimale Gelingen ist als Erstes die Wahl der Risottosorte. Jeder Koch hat natürlich seinen Favoriten, aber prinzipiell ist für besonders exquisite Risotti der Carnaroli die beste Wahl. Damit gelingen anspruchsvolle Risottorezepte mit Jakobsmuscheln, Krebsen oder Edelfischen, aber auch Champagner- oder Gorgonzolarisotto mit Spinat. Der Vialone Nano Veronese ist perfekt für einen cremigen Risotto mit Kürbis oder Radicchio, für Rotweinrisotto oder Spargelrisotto. Der Arborio eignet sich gut für Risotto mit Zucchini und Auberginen, mit Salsicceragout (italienische Rohwürste), mit weißen Bohnen oder mit Wirsing.

Entscheidend für ein perfektes Risotto ist die Qualität der Brühe. Der Fond sollte nur aus erstklassigen Zutaten bestehen. Fertigprodukte sparen zwar Zeit, doch der hausgemachte Fond verleiht dem Risotto einen intensiveren Geschmack und Duft – ein Fest für alle Sinne!

Die Zubereitung – eine Kunst für sich

Bei der Zubereitung eines Risottos gibt es zwei verschiedene Möglichkeiten, die jedoch beide Erfolg versprechen. Bei beiden benötigen Sie:

Richtiges Kochgeschirr: Gut eignet sich eine Sauteuse mit dickem, gut leitendem Boden oder eine halbhohe Kasserolle mit dickem Boden.

Ein großer Kochtopf zum Erhitzen der Brühe

Ein abgeflachter, hölzerner Kochlöffel

1. Variante

1. In einem Kochtopf die Gemüse-, Fleisch- oder Geflügelbrühe erhitzen. Geht man von der Reismenge aus, braucht man das Doppelte an Brühe.
2. Etwas Olivenöl in der Sauteuse erhitzen und die in kleine Würfel geschnittene Zwiebel darin glasig andünsten. Den Reis hinzufügen und so lange mit dem Kochlöffel rühren, bis alle Reiskörner rundherum erwärmt sind. Sie dürfen aber auf keinen Fall Farbe annehmen. Mit einem flachen Kochlöffel aus Holz werden die Reiskörner nicht beschädigt.
3. Die heißen Reiskörner mit einem Glas Wein ablöschen und ihn verdampfen lassen. Ob Sie Wein verwenden, hängt vom Risottorezept ab.
4. Nun mit einer Schöpfkelle etwas heiße Brühe aufgießen und unter Rühren die Flüssigkeit einkochen lassen. Dann erneut eine Schöpfkelle heiße Brühe unter Rühren aufgießen und wieder einkochen lassen. Diesen Vorgang wiederholen, bis die Flüssigkeit verbraucht und der Reis nach ca. 18 bis 20 Minuten fast gar, aber noch bissfest ist.
5. Die weiteren vorbereiteten Zutaten sowie etwas Butter und frisch geriebenen Parmesan vorsichtig unterrühren.
6. Die Sauteuse von der Kochplatte nehmen und den Risotto kurz ruhen lassen, bevor er in tiefen Tellern angerichtet wird.

2. Variante

1. In einem Kochtopf die Gemüse-, Fleisch- oder Geflügelbrühe erhitzen. Geht man von der Reismenge aus, braucht man das Doppelte an Brühe.
2. Etwas Olivenöl in der Sauteuse oder dem Kochtopf erhitzen und die in kleine Würfel geschnittene Zwiebel darin glasig andünsten. Den Reis hinzufügen und so lange mit dem Kochlöffel rühren, bis die Reiskörner rundherum erwärmt sind. Sie dürfen aber auf keinen Fall Farbe annehmen. Mit einem flachen Kochlöffel aus Holz werden die Körner nicht beschädigt.
3. Die heißen Reiskörner mit einen Glas Wein ablöschen und ihn verdampfen lassen. Ob Sie Wein verwenden, hängt vom Risottorezept ab.
4. Nun den Reis mit der gesamten Menge an heißer Brühe aufgießen und einmal aufkochen lassen. Dann die Sauteuse oder den Topf mit einem Deckel verschließen, die Hitze auf ein Minimum reduzieren und den Reis zugedeckt ca. 15 Minuten köcheln lassen. Sie müssen in der Zwischenzeit weder rühren noch Brühe nachgießen.
5. Den Deckel abnehmen, die weiteren vorbereiteten Zutaten sowie etwas Butter und frisch geriebenen Parmesan vorsichtig unterrühren.
6. Die Sauteuse von der Kochplatte nehmen und den Risotto kurz ruhen lassen, bevor er in tiefen Tellern angerichtet wird.

Auf diese Weise bereitet der Koch und Risottoreisproduzent Gabriele Ferron in seinen Kochshows und in seinem Risottoristorante in Isola della Scale seinen Risotto zu. Diese unkomplizierte Methode mag zwar für alle Risottoliebhaber ungewöhnlich klingen, aber es funktioniert!

Bunte Risottovielfalt

Blütenweiß, safrangelb, tomatenrot, kräutergrün oder tiefschwarz – die Möglichkeiten, einen Risotto zu servieren, sind grenzenlos.

Im Veneto heißt es: Es gibt kein Lebewesen auf dem Land, im Meer, im Fluss und in der Luft, das nicht irgendwann mal in einem Risotto geendet hätte. Und das trifft zu, denn die relativ geschmacksneutralen Reiskörner harmonieren mit fast allem, was der Markt zu bieten hat.

So gibt es kaum eine Gemüsesorte, die nicht zum Risottoreis passen würde. Besonders bewährt haben sich Risotti mit Erbsen, weißem und grünem Spargel, Zucchini und Zucchiniblüten, Artischocken, Tomaten, Paprika, Radicchio, Kürbis, Wirsing, Steinpilzen, Pfifferlingen und anderen Pilzsorten.

Oder doch lieber mit Fleisch? Dann mischen Sie rosa gebratene Hühnerleber oder Hähnchenfleisch, gebratene Entenbruststreifen, herzhafte Salsicce (rohe italienische Bratwürste), Fleischsaucen oder Salami unter Ihren Risotto.

Soll es etwas Besonderes sein, dann greifen Sie zu Fisch und Meeresfrüchten. Hervorragend schmeckt ein Risotto mit Seeteufelstückchen, mit frischem Lachs, Wolfsbarsch, Thunfisch oder mit Schleie – einer Spezialität vom Gardasee. Wer seine Gäste mit einem extravaganten »primo piatto« überraschen will, der mischt Jakobsmuscheln, Scampi, Flusskrebse, Vongole, Muscheln oder Minisepien unter seinen al dente gegarten Risotto.

Sehr lecker und rasch zubereitet sind Risotti mit Kräutern. Perfekt eignen sich frischer Bärlauch, Kerbel, Basilikum oder ein Mix aus Frühlingskräutern.

Käse verleiht einem köstlichen Gericht eine individuelle Note. Bekömmlicher werden die Käserisotti jedoch mit Gemüsebegleitung. Gut harmonieren Gorgonzola mit Spinat oder Fenchel, Rotschmierkäse wie Puzzone oder Munster mit Radicchio oder Wirsing, und Parmigiano oder Grana wird gern mit Zucchini oder frischen Erbsen serviert.

Unwiderstehlich und ein leicht bekömmlicher Genuss sind im Frühling und Sommer Risotti mit Champagner oder Spumante classico. Dazu ein Glas des jeweiligen Schaumweins als Aperitif und der Auftakt eines Menüs ist wirklich »perfetto«. Im Herbst und Winter ist Risotto mit frisch gehobelten Trüffeln ein unvergesslicher Genuss! Und wenn es im Winter draußen ungemütlich wird, dann ist ein Amarone- oder Barolorisotto genau das Richtige! Natürlich können Sie auch andere kräftige Rotweine verwenden. Man sollte aber darauf achten, dass die Weine wenig Säure und Tannine enthalten.

Bleiben doch mal Risottoreste – keinesfalls wegwerfen! Aus kaltem Risotto kann man verführerische Reisbällchen, die sogenannten »arancini«, gefüllt mit Sardellen oder Mozzarella, frittieren. Unwiderstehlich schmecken auch kleine Reisplätzchen, mit Kräutern oder Käse verfeinert und in Olivenöl gebraten. Mit frischen Zutaten, wie Gemüse, Kräutern, Wurst, Käse oder Früchten ist rasch ein erfrischender Reissalat zubereitet.

Risotto – der gesunde Genuss

Risotto ist etwas Besonderes: schmackhaft, leicht verdaulich und wohltuend für Körper uns Seele. Das Eiweiß liefert hochwertige Aminosäuren, wenig Fett und die Kohlenhydrate in Form von Stärke sind besonders leicht verdaulich. 100 g Reis versorgen den Körper mit 370 Kalorien.

Da Reis kaum Zellulose enthält ist er prädestiniert für alle Diäten bei Magen-Darm-Problemen. Reis wird schneller verdaut als Brot und Pasta. Wichtig für alle Zöliakie-Erkrankten: Reis enthält keine Glutene (Klebereiweiß) und daher sind Produkte aus Reis und Reismehl eine schmackhafte Alternative für alle die unter einer Glutenunverträglichkeit leiden. Wer es ballaststoff-, vitaminreicher mag, kann sich für »riso integrale« (Vollkornreis) entscheiden.

Regionale Risottospezialitäten Italiens

Während normalerweise die »primi piatti« in ganz Italien im Zeichen der Pasta stehen, wird in den klassischen Reisanbaugebieten Piemont, Lombardei und Veneto Risotto der Pasta vorgezogen.

Zwar sind in Südtirol und im Trentino »polenta« oder »canedeli« (Knödel) typische »primi piatti«, aber zunehmend sieht man auch dort immer häufiger Risotto, oft mit regionalen Zutaten verfeinert, auf den Speisekarten.

Mit verführerischen Risottogerichten wie Risotto alla Fonduta, Risotto mit Barolo oder frischen Trüffeln begeistert die Küche des Piemonts seine Gäste. In Ligurien isst man den Risotto am liebsten mit frischen Kräutern, insbesondere mit Pesto verfeinert. In den Wintermonaten serviert man auch gerne einen »risotto arrosto«, einen im Ofen gebackenen Risotto mit Pilzen, Würstchen und Käse.

In der Lombardei macht der Risotto eine Ausnahme. Hier gibt es zwar auch Risotto als »primo piatto«, aber nur dort wird der Risotto auch als Beilage serviert – zum berühmten Mailänder »Ossobuco«, den sanft geschmorten Kalbshaxenscheiben. Dazu reicht man traditionell goldgelben, cremigen Safranrisotto. Das feine, aromatische Mark der Kalbsknochen mischt der Genießer unter den Risotto.

Eine andere, etwas ungewöhnliche Risottovariation ist der »risotto alla pilota«, der ebenfalls aus der Lombardei stammt. Dieses traditionelle Gericht wurde von den Reisarbeitern nach getaner Arbeit verspeist und ist somit äußerst nahrhaft. Der in Wasser gekochte Reis wird mit »salamelle« (Würstchen) und Käse vermischt.

Rund um Mantua und im Süden von Verona stehen im Herbst und Winter vor allem Kürbisrisotti auf jeder Speisekarte. Die Einheimischen lieben dort zudem ihren Risotto mit Froschschenkeln. Der trockene »risotto isolana«

ist in Mantua eine ganz besondere Spezialität, während am östlichen Ufer des Gardasees im Frühling der Spargelrisotto Saison hat und natürlich, das ganze Jahr hindurch, der »risotto con la tinca«, der Schleienrisotto mit fangfrischem Fisch aus dem See.

In und um Venedig schätzt man »risi e bisi«, Risotto mit butterzarten frischen Erbsen zubereitet und den Klassiker der venezianischen Küche, den »risotto nero«, gefärbt mit schwarzer Sepiatinte. Risotto mit Gamberi kommt aus der Adriaküche und wird sowohl im Veneto wie auch im Friaul äußerst gerne serviert.

Auch in der Emilia Romagna, berühmt für hausgemachte Pasta, isst man gerne Risotto, vor allem mit frischen Waldpilzen.

In Mittel- und Süditalien spielt Risotto eine untergeordnete Rolle. In der Toskana und im Latium kombiniert man Risotto mit frischen Artischocken. In den südlichen Regionen wird aus Reis am liebsten ein köstlicher, sättigender Salat, verfeinert mit Schinken, Käse, Gemüse und Kräutern, gemacht.

In Sizilien nimmt der Risotto ganz besondere Formen an. »Arancini di riso«, das heißt übersetzt »Apfelsinen aus Reis«, sind dort eine begehrte Spezialität. Die apfelsinengroßen Bällchen werden aus kaltem Risotto geformt und traditionell mit Hühnerklein, Ei und Erbsen gefüllt, mit verquirltem Ei und Semmelbröseln paniert und in heißem Olivenöl goldbraun frittiert. Heute sind die Bällchen meist kleiner und die Füllung variiert. Man genießt sie heiß oder kalt als Vorspeise oder als »piccolo pranzo« (kleines Mittagessen).

Was sonst aus Riso zubereitet wird

In erster Linie werden die geernteten Reiskörner der zahlreichen Sorten zu Risotto oder anderen schmackhaften Reisgerichten verarbeitet. Aber findige Reismüller haben herausgefunden, dass man aus den Körnern noch viel mehr herstellen kann. So bieten die meisten Reisproduzenten Italiens neben den verschiedenen, regionalen Reissorten wie Vialone Nano Veronese, Carnaroli, Arborio auch Reismehl an. Ein wunderbar lockeres Püree daraus kann es geschmacklich mit einem Kartoffelpüree aufnehmen. Außerdem gibt es unterschiedlich geformte Nudeln aus Reismehl, die bereits in wenigen Minuten al dente gekocht sind. Köstlich sind knusprig geröstete Brotscheiben aus Reismehl mit würzigem Belag.

Zum »aperitivo« reicht man in den Reisanbaugebieten gerne pikantes Gebäck aus Reismehl. Und zum Espresso gibt es süße, zartknusprige Reiskekse. Einige Reismüller pressen aus den Körnern ein geschmacksneutrales Öl oder rösten sie, um Kaffee herzustellen. Aus unpoliertem Arborioreis wird ein Reisbier gebraut, das mit Schalen von Bitterorange und Koriander aromatisiert wird. Speiseeis aus Reismilch ist wohlschmeckend und eine gute glutenfreie Alternative zu Milcheis.

Doch Reis in Italien ist an erster Stelle für einen köstlichen Risotto gedacht. Auf den folgenden Seiten erwarten Sie abwechslungsreiche Rezepte, von klassisch italienisch bis international exotisch.

Aber für alle Risotti gilt: Ein guter Risotto muss cremig sein, aber mit Biss.

Gutes Gelingen und buon appetito!

Monika Kellermann

Grundrezepte

Gemüsefond

1 Zwiebel, 1 Stange Lauch
1/4 Knollensellerie
2 Stangen Staudensellerie
2 Petersilienwurzeln
3 Karotten
1 Bund Blattpetersilie
1 Lorbeerblatt, frisch
8 schwarze Pfefferkörner
Etwas Salz

Das Gemüse waschen, schälen und in grobe Stücke schneiden. Zusammen mit der Petersilie und den Gewürzen in einen großen Suppentopf geben, salzen und mit 3 l kaltem Wasser auffüllen. Langsam zum Kochen bringen, dann die Hitze reduzieren. Den Deckel auflegen und ca. 1 1/2 Stunden köcheln. Den Topf von der Herdplatte nehmen und abkühlen lassen, anschließend abseihen.

Die Gemüsesorten können nach Geschmack variiert werden.

Geflügelfond

1 Suppenhuhn, küchenfertig
1 Zwiebel, 1 Stange Lauch
1/4 Knollensellerie
2 Stangen Staudensellerie
2 Petersilienwurzeln
3 Karotten
1 Bund Blattpetersilie
1 Lorbeerblatt, frisch
8 schwarze Pfefferkörner
2 Pimentkörner, ganz
Etwas Salz

Das Gemüse waschen, schälen und in grobe Stücke schneiden. Zusammen mit dem Suppenhuhn, der Petersilie und den Gewürzen in einen großen Suppentopf geben, leicht salzen und mit 3 l kaltem Wasser auffüllen. Langsam zum Kochen bringen, dann die Hitze reduzieren, den Deckel auflegen und alles ca. 2 Stunden köcheln lassen. Den zur Oberfläche aufsteigenden Schaum in regelmäßigen Abständen abschöpfen. Den Topf von der Herdplatte nehmen und abkühlen lassen, anschließend abseihen.

Rinder- oder Kalbsfond

- 1,5 kg Rinder- oder Kalbsknochen
- 1 Zwiebel, 1 Stange Lauch
- 1/4 Knollensellerie
- 2 Stangen Staudensellerie
- 2 Petersilienwurzeln
- 3 Karotten
- 1 Bund Blattpetersilie
- 1 Lorbeerblatt, frisch
- 8 schwarze Pfefferkörner
- 2 Pimentkörner, etwas Salz

Das Gemüse waschen, schälen und in grobe Stücke schneiden. Zusammen mit den Knochen, der Petersilie und den Gewürzen in einen großen Suppentopf geben, salzen und mit 3 l kaltem Wasser auffüllen. Langsam zum Kochen bringen, dann die Hitze reduzieren. Zugedeckt alles ca. 3 1/2 Stunden köcheln. Den aufsteigenden Schaum in regelmäßigen Abständen abschöpfen. Den Topf von der Herdplatte nehmen und abkühlen lassen, anschließend abseihen.

Fischfond

- 2 kg gewässerte, klein geschnittene Fischkarkassen
- 5 Schalotten
- 1 Stange Lauch, nur die weißen Teile
- 2 Stangen Staudensellerie
- 100 ml trockener Weißwein
- 50 ml Noilly Prat
- 1 Lorbeerblatt, frisch
- 1 Zweig Thymian
- 5 weiße Pfefferkörner
- Etwas Salz

Die Fischkarkassen in 1,5 l kaltem Wasser aufsetzen und langsam zum Köcheln bringen. Den weißen Schaum vorsichtig abschöpfen. Das Gemüse waschen, schälen und in grobe Stücke schneiden. Mit dem Weißwein, dem Noilly Prat sowie den Gewürzen zu den Fischkarkassen geben und leicht salzen. Alles 1 Stunde leise köcheln. Der Fond darf nicht wallend kochen, da dies Trübstoffe bildet. Den Topf von der Herdplatte nehmen und abkühlen lassen, anschließend abseihen.

Käse, Trüffel & Pilze

Risotto Quattro Formaggi

50 g Butter
1 kleine Zwiebel, fein gehackt
300 g Risottoreis Carnaroli (wahlweise Vialone Nano oder Arborio)
1/4 l trockener Weißwein
1 l klarer Geflügel- oder Gemüsefond
50 g Taleggio, gewürfelt
50 g Fontina, gewürfelt
50 g Parmesan, gerieben
50 g Gorgonzola, gewürfelt
Schwarzer Pfeffer

Zubereitungszeit:
30 Minuten

Die Hälfte der Butter in einem großen Topf erhitzen und die Zwiebeln darin glasig anschwitzen.

Den Reis einrühren, kurz farblos mitrösten. Mit Weißwein ablöschen und 1 Schöpfkelle heißen Fond zugießen. Wenn der Reis die Flüssigkeit vollständig aufgenommen hat, unter ständigem Rühren kleine Mengen Fond zugeben. Nach 15 bis 20 Minuten sollte der Reis gar, aber noch bissfest sein.

Die Käsewürfel, den Parmesan sowie die restliche kalte Butter untermischen und mit schwarzem Pfeffer abschmecken.

Sofort servieren, so lange der Käse noch weich und cremig ist.

Tipp: Für etwas mehr Schärfe, den Risotto vor dem Servieren mit ein paar Chiliflocken bestreuen.

Risotto mit Gorgonzola

250 g Gorgonzola
3/4 l klarer Geflügel- oder Gemüsefond
50 g Butter
1 kleine Zwiebel, fein gehackt
300 g Risottoreis Carnaroli (wahlweise Vialone Nano oder Arborio)
1/4 l trockener Weißwein
Salz, schwarzer Pfeffer
8 Walnusshälften, gehackt

Zubereitungszeit:
30 Minuten

Den Gorgonzola klein schneiden und mit 1/8 l heißem Fond in einem Topf zu einer sämigen Soße verrühren, dabei nicht aufkochen lassen.

In einem anderen Topf die Hälfte der Butter erhitzen und die Zwiebel darin glasig anschwitzen. Den Reis einrühren, kurz farblos mitrösten. Mit Weißwein ablöschen, diesen verkochen lassen und 1 Schöpfkelle heißen Fond zugießen. Wenn der Reis die Flüssigkeit vollständig aufgenommen hat, unter Rühren kleine Mengen heißen Fond zugeben. Nach 15 bis 20 Minuten sollte der Reis gar, aber noch bissfest sein.

Den Topf von der Herdplatte nehmen. Die restliche Butter und die Käsesauce einrühren. Alles mit Salz und Pfeffer abschmecken.

Mit gehackten Walnüssen garnieren und sofort servieren.

Risotto mit Fonduta

Fondutasauce
400 g Fontinakäse aus dem Aostatal
200 ml Milch
50 g Butter
4 Eigelbe

Risotto
75 g Butter
1 Zwiebel, fein gehackt
350 g Risottoreis Carnaroli (wahlweise Vialone Nano oder Arborio)
1 l klarer Geflügel- oder Gemüsefond
Salz, schwarzer Pfeffer

Zubereitungszeit:
ca. 45 Minuten / 2 Stunden Ziehzeit für die Sauce

Für die Fonduta den Käse würfeln, mit Milch aufgießen und mindestens 2 Stunden ziehen lassen.

Die Hälfte der Butter im Wasserbad erhitzen und mit dem abgetropften Käse verrühren. Die Mischung darf nicht kochen. Die Temperatur erhöhen und die 4 Eigelbe nacheinander unter die Sauce heben. Dann die restliche Butter einrühren und die Sauce warm stellen.

Für den Risotto die Hälfte der Butter in einem großen Topf erhitzen und die Zwiebel darin glasig anschwitzen. Den Reis einrieseln lassen und 2 Minuten farblos mitrösten. Den heißen Fond unter ständigem Rühren in kleinen Mengen zugießen. Nach 15 bis 20 Minuten sollte der Reis die gesamte Flüssigkeit aufgenommen haben und bissfest gegart sein. Mit Salz und Pfeffer abschmecken.

Zum Servieren den Risotto auf Teller geben und die Fonduta darüber verteilen.

Mit Trüffel oder anderen Speisepilzen anrichten oder statt den Pilzen mit schwarzem Pfeffer aus der Mühle bestreuen.

Fontinarisotto al forno mit Pekannüssen

2 EL Olivenöl
350 g Risottoreis Carnaroli
1 weiße Zwiebel
1 Knoblauchzehe
1/4 l trockener Weißwein
1 l Gemüsefond
200 g Fontinakäse
70 g Pekannüsse, gehackt
Salz, schwarzer Pfeffer
3 EL Butter
3 EL Semmelbrösel oder Paniermehl
3 EL Parmesan, gerieben
2 EL frischer Thymian, gehackt

Zubereitungszeit:
ca. 35 Minuten

2 EL Olivenöl in einem Topf erhitzen. Darin den Risottoreis 2 Minuten farblos anrösten.

Die Zwiebel und die Knoblauchzehe schälen, in kleine Würfel schneiden und mit dem Reis anschwitzen.

Mit Weißwein ablöschen, verkochen lassen und 1 Schöpfkelle heißen Fond zugießen. Wenn der Reis die Flüssigkeit vollständig aufgenommen hat, unter Rühren kleine Mengen heißen Fond zugeben, bis der Reis gar, aber noch bissfest ist.

Den Fontina in kleine Würfel schneiden und mit den gehackten Pekannüssen unter den Risotto mischen. Mit Salz und Pfeffer abschmecken. Alles in eine ca. 20 × 30 cm große, feuerfeste Form gießen.

Aus der Butter, den Semmelbröseln, dem Parmesan und dem gehackten Thymian eine Paste mischen. Die Paste auf den Risotto streichen und im auf 200 °C vorgeheizten Ofen gratinieren.

Aus dem Ofen nehmen, portionsweise auf Teller anrichten und heiß servieren.

Risotto mit Pinienkernen, Ricotta und Petersilie

2 EL Olivenöl
350 g Risottoreis Carnaroli
1 weiße Zwiebel
1/4 l trockener Weißwein
1 l heißer Gemüsefond
200 g Ricotta
4 EL ganze Pinienkerne
Salz, schwarzer Pfeffer
2 EL Butter
3 EL frische Petersilie, gehackt
2 EL Parmesan, gerieben

Zubereitungszeit:
ca. 30 Minuten

2 EL Olivenöl in einem Topf erhitzen. Darin den Risottoreis 2 Minuten farblos anrösten.

Die Zwiebel schälen und in kleine Würfel schneiden und mit dem Reis anschwitzen.

Mit Weißwein ablöschen, diesen verkochen lassen und 1 Schöpfkelle heißen Fond zugießen. Wenn der Reis die Flüssigkeit vollständig aufgenommen hat, unter Rühren kleine Mengen heißen Fond zugeben, bis der Reis gar, aber noch bissfest ist.

Den Ricotta unterrühren.

Die Pinienkerne in einer Pfanne ohne Fettzugabe rösten und mit dem Reis mischen. Mit Salz und Pfeffer abschmecken.

Zum Schluss die Butter, die gehackte Petersilie und den geriebenen Parmesan einrühren. Heiß servieren.

Risotto Tartufo Bianco

100 g Butter
1 kleine Schalotte, fein gehackt
300 g Risottoreis Carnaroli (wahlweise Vialone Nano oder Arborio)
1 l klarer Geflügel- oder Gemüsefond
100 g Parmesan, gerieben
40 g weiße Trüffeln, sauber gebürstet

Zubereitungszeit:
ca. 30 Minuten

Die Hälfte der Butter in einem großen Topf erhitzen und die Schalotte darin glasig anschwitzen. Den Reis hinzufügen und 2 Minuten farblos mitrösten.

Den heißen Fond unter ständigem Rühren in kleinen Mengen, ca. jeweils 1 Schöpfkelle, zugießen. Erst wenn der Reis die Flüssigkeit vollständig aufgenommen hat, erneut Fond zugeben. Nach 15 bis 20 Minuten sollte der Reis gar, aber noch bissfest sein.

Den Topf von der Herdplatte nehmen, die restliche kalte Butter und den Parmesan unterrühren und servieren. Die Trüffel frisch und hauchdünn über den Risotto hobeln.

Risotto Tartufo Nero mit Robiola

200 g Robiola
100 ml Crème double oder Sahne
Schwarzer Pfeffer
2 EL Olivenöl extra vergine
1 kleine Zwiebel, fein gehackt
350 g Risottoreis Carnaroli (wahlweise Vialone Nano oder Arborio)
100 ml trockener Weißwein
1 l klarer Geflügel- oder Gemüsefond
100 g Parmesan, gerieben
50 g gekühlte Butter, in kleinen Stückchen
40 g schwarze Trüffel, sauber gebürstet

Zubereitungszeit:
ca. 45 Minuten

Den Robiola mit der Crème double bei sanfter Hitze zu einer dicken, sämigen Sauce rühren. Mit schwarzem Pfeffer bestreuen.

Das Öl in einem großen Topf erhitzen und die Zwiebel darin glasig dünsten. Den Reis einrühren, kurz farblos mitrösten und mit Wein ablöschen. Den heißen Fond unter ständigem Rühren in kleinen Mengen, ca. jeweils 1 Schöpfkelle, zugießen. Erst wenn der Reis die Flüssigkeit vollständig aufgenommen hat, erneut Fond zugeben. Nach ca. 15 bis 20 Minuten sollte der Reis gar sein.

Den Topf von der Herdplatte nehmen und den Parmesan und die kalte Butter einrühren. Den Reis in tiefen Tellern anrichten, in die Mitte eine Mulde drücken und mit Käsesauce füllen. Die Trüffel frisch und hauchdünn über den Risotto hobeln.

Risotto Funghi

80 g Butter
200 g frische Pilze (Steinpilze, Pfifferlinge, Morcheln etc.), geputzt und in Scheiben geschnitten
Salz, schwarzer Pfeffer
1 Zwiebel, fein gehackt
2 Knoblauchzehen, fein gehackt
300 g Risottoreis Carnaroli (wahlweise Vialone Nano oder Arborio)
1 l klarer Geflügel- oder Gemüsefond
1 Handvoll frische Petersilie, gehackt
50 g Parmesan, gerieben
1 EL kalte Butter

Zubereitungszeit:
ca. 30 Minuten

Die Hälfte der Butter in einer Pfanne zerlassen und die Pilze mit etwas Salz und Pfeffer darin anbraten.

Die restliche Butter in einem Topf erhitzen und die Zwiebel mit den Knoblauchzehen darin glasig dünsten.

Den Reis hinzufügen und kurz mit anschwitzen. Den heißen Fond unter ständigem Rühren in kleinen Mengen, ca. jeweils 1 Schöpfkelle, zugießen. Erst wenn der Reis die Flüssigkeit vollständig aufgenommen hat, erneut Fond zugeben.

Nach ca. 15 Minuten mit Salz und Pfeffer abschmecken und die Pilze und die Petersilie einrühren. Der Reis sollte noch flüssig, »all'onda«, sein.

Den Parmesan und die kalte Butter einrühren und sofort servieren.

Morchelrisotto

100 g Sahne
1/4 l Wasser
250 g frische oder 25 g getrocknete Morcheln
2 EL Butter
2 Schalotten, in Würfel geschnitten
200 g Risottoreis Arborio (wahlweise Vialone Nano oder Arborio)
1/4 l trockener Weißwein
1 l Geflügelfond
2 El Butter
2 EL Parmesan
2 EL frische Petersilie, gehackt
Salz, Pfeffer

Zubereitungszeit:
ca. 50 Minuten

Sahne und Wasser aufkochen, vom Herd nehmen und darin die getrockneten Morcheln eine Viertelstunde einweichen. Die Flüssigkeit abgießen und die Pilze unter fließendem Wasser abwaschen. Frische Morcheln nur gründlich abwaschen. Die Pilze klein schneiden.

Die Butter in einer Pfanne zerlassen und darin die Schalotten glasig anschwitzen. Die Morcheln und den Reis zugeben und ein paar Minuten mitdünsten.

Mit Wein ablöschen. Nachdem der Wein verkocht ist, 1 Schöpfkelle heißen Fond zugießen. Wenn der Reis die Flüssigkeit vollständig aufgenommen hat, unter ständigem Rühren kleine Mengen Fond zugeben. Nach ca. 15 bis 20 Minuten sollte der Reis gar, aber noch bissfest sein.

Den Topf von der Herdplatte nehmen und die kalte Butter, den Parmesan und die Petersilie einrühren. Alles mit Salz und Pfeffer abschmecken. Sofort servieren. Nach Belieben geriebenen Parmesan separat dazu reichen.

Risotto mit Pfifferlingen und wilden Heidelbeeren

2 EL Schalotten
80 g Butter
30 ml Olivenöl
120 g kleine Pfifferlinge, geputzt
180 g Risottoreis Carnaroli
700 ml kochend heißer Geflügelfond
30 g Parmesan
80 g frische Heidelbeeren
2 EL Petersilie, gehackt
Salz, Pfeffer

Zubereitungszeit:
ca. 30 Minuten

Die Schalotten in 40 g Butter und dem Olivenöl weich, aber farblos dünsten.

Die Pfifferlinge dazugeben und kurz mitdünsten.

Anschließend den Reis dazugeben, umrühren und mit einem Drittel des heißen Geflügelfonds aufgießen und ca. 15 Minuten bei geringer Hitze köcheln lassen. Sobald der Reis trocken wird, immer wieder etwas Fond angießen.

Den al dente gekochten Reis vom Herd nehmen und die restliche kalte Butter, den Parmesan, die Heidelbeeren und die Petersilie dazugeben. Mit Salz und Pfeffer abschmecken.

Den Risotto 1 bis 2 Minuten ohne Kochen stehen lassen. Dann erst kräftig mit einem Kochlöffel durchrühren. Schnell servieren, da der Reis sonst nachzieht.

Pfifferlingrisotto mit Pfefferoni-Tannenwipfel-Öl

Pfefferoni-Tannenwipfel-Öl
50 g Tannenwipfel (junge Triebe der Tanne)
1/2 Chilischote
1 TL Meersalz
250 ml Olivenöl

Pfifferlingrisotto
2 EL Olivenöl
350 g Risottoreis Carnaroli
1 weiße Zwiebel
400 g frische Pfifferlinge, geputzt
1/4 l Weißwein
1 l Gemüsefond
2 EL Butter
2 EL Parmesan, gerieben
2 EL Petersilie, gehackt
Salz, Pfeffer

Zubereitungszeit:
4 Tage für das Öl /
30 Minuten für den Risotto

Die Tannenwipfel mit den gehackten Chilis und dem Meersalz in 250 ml Olivenöl aufkochen. In ein Einmachglas füllen und verschlossen 4 Tage ziehen lassen und anschließend abgießen.

2 EL Olivenöl in einem Topf erhitzen. Darin den Reis ca. 2 Minuten farblos anrösten. Die Zwiebel schälen und in kleine Würfel schneiden. Die Pfifferlinge grob hacken. Beides mit dem Reis anschwitzen und etwas salzen.

Mit Weißwein ablöschen und 1 Schöpfkelle heißen Fond zugießen. Wenn der Reis die Flüssigkeit vollständig aufgenommen hat, unter Rühren kleine Mengen heißen Fond zugeben.

Die Butter und den geriebenen Parmesan einrühren. Die gehackte Petersilie untermischen. Mit Salz und Pfeffer abschmecken.

Den Risotto auf Teller anrichten und mit etwas Pfefferoni-Tannenwipfel-Öl beträufeln. Das restliche Öl separat dazu reichen.

Kastanienrisotto mit Pilzen

500 g Esskastanien (Maroni)
1 EL Olivenöl
200 g Risottoreis Arborio (wahlweise Carnaroli oder Vialone Nano)
1 rote Zwiebel, gehackt
2 Knoblauchzehen, gehackt
100 ml Weißwein
1 l Gemüsefond
250 g frische Champignons
1 EL Butter
Salz, Pfeffer
1 EL Petersilie, gehackt
80 g Bergkäse, grob gerieben

Zubereitungszeit:
ca. 1 Stunde

Kastanien auf der runden Seite kreuzförmig einschneiden und ca. 6 Minuten in kochendem Wasser kochen. Sofort schälen.

1 EL Olivenöl in einem Topf erhitzen. Darin den Reis 2 Minuten farblos anrösten.

Die Zwiebel und den Knoblauch zugeben und glasig anschwitzen.

Mit Weißwein ablöschen. 1 Schöpfkelle warmen Fond zugießen. Wenn der Reis die Flüssigkeit aufgenommen hat, unter ständigem Rühren kleine Mengen Fond zugeben.

Währenddessen die Champignons putzen, aber nicht waschen, und in Viertel schneiden.

Die Butter in einer Pfanne zerlassen. Darin die Champignons und die Kastanien ca. 10 Minuten anbraten. Mit Salz und Pfeffer abschmecken.

Kurz vor Ende der Garzeit, nach ca. 15 bis 20 Minuten, die Champignon-Kastanien-Mischung in den Risotto geben. Die Petersilie und den Bergkäse einrühren, mit Salz und Pfeffer abschmecken und sofort servieren.

In Grissini gebackenes Steinpilzrisotto

2 EL Olivenöl
350 g Risottoreis Carnaroli
1 weiße Zwiebel
1/4 l trockener Weißwein
1 l Gemüsefond
300 g Steinpilze
5 EL Butter
100 g Parmesan, gerieben
2 EL Petersilie, gehackt
Salz, schwarzer Pfeffer
1 Eigelb
200 g Grissini
100 g Weizenmehl, Type 405
3 Eier, verquirlt
1 l Olivenöl zum Frittieren

Zubereitungszeit:
ca. 1 Stunde

2 EL Olivenöl in einem Topf erhitzen. Darin den Risottoreis 2 Minuten farblos anrösten.

Die Zwiebel schälen, würfeln und mit dem Reis anschwitzen. Mit Weißwein ablöschen und 1 Schöpfkelle heißen Fond zugießen. Wenn der Reis die Flüssigkeit vollständig aufgenommen hat, unter Rühren kleine Mengen Fond zugeben.

Die Steinpilze putzen und würfeln. 2 EL Butter in einer Pfanne erhitzen, die Pilze darin anschwitzen und zum Risotto geben.

Nach ca. 20 Minuten den Topf vom Herd nehmen und die restliche kalte Butter, den Parmesan und die Petersilie zufügen. Mit Salz und Pfeffer abschmecken. Kurz abkühlen lassen, dann das Eigelb einrühren. Aus der Reismasse kleine Bällchen formen.

Die Grissini in ein Tuch wickeln und mit einem Nudelholz oder in der Küchenmaschine zu Bröseln zerkleinern. Die Bällchen in Mehl wälzen, durch die Eier ziehen und mit Grissinibröseln panieren. Das Olivenöl in einer Pfanne auf ca. 170 °C erhitzen und die Bällchen darin goldbraun frittieren.

Kräuter, Früchte & Aromen

Grüner Kräuterrisotto

3 EL Olivenöl
1 Knoblauchzehe
1 kleine Zwiebel (80 g), fein gehackt
300 g Risottoreis Carnaroli (wahlweise Vialone Nano oder Arborio)
1 kleine Zucchini (ca. 100 g), gewürfelt
1 l klarer Fleisch- oder Gemüsefond
500 g frischer Spinat, in Salzwasser gekocht und fein gehackt
Salz, schwarzer Pfeffer
10 g frische Minze
10 g frischer Salbei
10 g frischer Rosmarin
30 g frischer Basilikum
30 g frische Blattpetersilie
30 g frischer Rucola
3 EL Olivenöl
50 g Parmesan, gerieben
30 g Butter

Das Öl in einem großen Topf erhitzen. Den Knoblauch und die Zwiebel fein hacken und darin glasig dünsten. Dann den Reis hinzufügen und 2 Minuten unter Rühren mit anschwitzen. Die Zucchiniwürfel zugeben.

Den heißen Fond unter ständigem Rühren in kleinen Mengen, ca. jeweils 1 Schöpfkelle, zugießen. Erst wenn der Reis die Flüssigkeit vollständig aufgenommen hat, erneut Fond zugeben. Nach ca. 20 Minuten sollte der Reis gar, aber noch bissfest sein.

Den Spinat unterrühren und mit Salz und Pfeffer abschmecken. Die Minze, den Salbei und den Rosmarin fein hacken und mit dem Olivenöl pürieren. Mit den restlichen fein gehackten Kräutern, dem Parmesan und der kalten Butter einrühren. Sofort servieren.

Zubereitungszeit: ca. 1 Stunde

Risotto mit Rucola und Prosciutto di Parma

- 2 EL Olivenöl
- 1 Zwiebel, in Würfel geschnitten
- 300 g Risottoreis
- 150 ml trockener Weißwein
- 1,2 l Geflügel- oder Gemüsefond
- 120 g Rucola, grob geschnitten
- 80 g Parmaschinken, in Streifen geschnitten
- 1 EL Petersilie, gehackt
- 40 g Butter
- 50 g Parmigiano Reggiano, gerieben
- Salz, schwarzer Pfeffer

Zubereitungszeit:
ca. 30 Minuten

In einem Topf das Olivenöl erhitzen und darin die Zwiebel glasig anschwitzen.

Den Reis zufügen und kurz farblos mitrösten. Mit Weißwein ablöschen. 1 Schöpfkelle heißen Fond zugießen. Wenn der Reis die Flüssigkeit vollständig aufgenommen hat, unter Rühren kleine Mengen Fond zugeben.

Nach ca. 15 Minuten den Rucola einrühren. Am Ende der Garzeit, nach ca. 18 bis 20 Minuten, den Prosciutto und die Petersilie unterrühren und kurz ziehen lassen.

Den Topf von der Herdplatte nehmen und die kalte Butter und den Parmigiano Reggiano unterheben.

Mit Salz und Pfeffer abschmecken. Sofort heiß servieren. Den geriebenen Käse separat dazu reichen.

Risotto mit Hopfenspitzen

2 EL Butter
1 weiße Zwiebel, in Würfel geschnitten
200 g Arborio oder anderer Risottoreis
1/2 l trockener Weißwein
1 l heißer Geflügel- oder Gemüsefond
1 Handvoll Hopfenspitzen (junge, zarte Triebe)
Salz, Pfeffer
60 g Butter, kalt und in Stücke geschnitten
60 g Parmesan, gerieben

Zubereitungszeit:
ca. 30 Minuten

Die Butter in einer Pfanne mit hohem Rand zerlassen und darin die Zwiebel glasig anschwitzen. Den Reis zugeben und farblos mitrösten.

Mit dem Weißwein ablöschen und diesen verkochen lassen. 1 Schöpfkelle heißen Fond zugießen. Wenn der Reis die Flüssigkeit vollständig aufgenommen hat, unter Rühren kleine Mengen Fond zugeben. Nach ca. 15 bis 20 Minuten sollte der Reis gar, aber noch bissfest und flüssig, »all'onda«, sein.

Am Ende der Garzeit die Hopfentriebe klein schneiden und unter den Risotto rühren. Mit Salz und Pfeffer abschmecken. Die kalte Butter und den Parmesan einrühren. Sofort servieren.

Wasabirisotto

2 EL Olivenöl
300 g Risottoreis Arborio, wahlweise Carnaroli
1 Frühlingszwiebel, gehackt
2 1/2 EL Reisweinessig
850 ml Gemüsefond
2 EL helle Sojasauce
Salz, Pfeffer
25 g Wasabipaste (japanischer, grüner Meerrettich)
100 g Crème fraîche
100 g Sauerrahm
100 g Mayonnaise
50 ml Limettensaft, frisch gepresst
1 EL Nori (geröstete Algenblätter), in Streifen geschnitten

Zubereitungszeit:
ca. 30 Minuten

Das Olivenöl in einem Topf erhitzen. Darin den Risottoreis 3 Minuten farblos anrösten. Die weißen Teile der Frühlingszwiebel mit dem Reis anschwitzen.

Mit dem Reisweinessig ablöschen und 1 Schöpfkelle heißen Fond zugießen. Wenn der Reis die Flüssigkeit vollständig aufgenommen hat, unter Rühren kleine Mengen Fond zugeben. Nach 15 bis 20 Minuten sollte der Reis gar, aber noch bissfest sein.

Kurz vor Ende der Garzeit die Sojasauce zugeben. Die restliche Frühlingszwiebel in den Risotto rühren und mit Salz und Pfeffer abschmecken.

Die Wasabipaste mit der Crème fraîche, dem Sauerrahm, der Mayonnaise und 1 EL Sojasauce verrühren. Mit Limettensaft, Salz und Pfeffer abschmecken.

Den Risotto auf Teller geben und die Noristreifen darauf verteilen. Die Wasabicreme separat dazu reichen.

Safranrisotto mit Minze

2 EL Olivenöl
3 Schalotten, klein gehackt
300 g Risottoreis Arborio (wahlweise Vialone Nano oder Carnaroli)
200 ml Weißwein
1 l Gemüsefond
25 Safranfäden
2 mittelgroße Tomaten
3 EL Parmesan, gerieben
1 EL Butter
1 Handvoll Minzeblätter, grob gehackt
Salz, Pfeffer

Zubereitungszeit:
ca. 40 Minuten

Das Olivenöl in einem Topf erhitzen und darin die Schalotten glasig anschwitzen. Den Reis zugeben und kurz farblos mitrösten. Mit Weißwein ablöschen. 1 Schöpfkelle heißen Fond zugießen.

Dann die Safranfäden einrühren. Wenn der Reis die Flüssigkeit vollständig aufgenommen hat, unter Rühren kleine Mengen Fond zugeben. Nach ca. 15 bis 20 Minuten sollte der Reis gar, aber noch bissfest und flüssig sein.

Die Tomaten häuten, die Kerne entfernen und in kleine Würfel schneiden und kurz vor Ende der Garzeit in den Risotto geben.

Den Topf von der Herdplatte nehmen und den Parmesan und die kalte Butter einrühren. Die Minzeblätter unterheben. Mit Salz und Pfeffer abschmecken und mit einigen Minzeblätter garnieren. Sofort servieren.

Knuspriger Safran-Risotto-Kuchen

2 EL Olivenöl
350 g Risottoreis Carnaroli
1 weiße Zwiebel
1/4 l trockener Weißwein
1 l heißer Gemüsefond
2 Msp. Safran
3 EL Butter
4 EL Parmesan, gerieben
Salz, schwarzer Pfeffer
5 EL Semmelbrösel oder Paniermehl

Zubereitungszeit:
ca. 50 Minuten

2 EL Olivenöl in einem Topf erhitzen. Darin den Risottoreis 2 Minuten farblos anrösten.

Die Zwiebel schälen, in kleine Würfel schneiden und mit dem Reis anschwitzen. Mit Weißwein ablöschen, diesen einkochen lassen und 1 Schöpfkelle heißen Fond zugießen. Wenn der Reis die Flüssigkeit vollständig aufgenommen hat, unter ständigem Rühren kleine Mengen Fond zugeben, bis der Reis gar, aber noch bissfest ist.

Den Safran einrühren. 2 EL kalte Butter und 2 EL des geriebenen Parmesans hinzufügen. Mit Salz und Pfeffer abschmecken.

Eine Pfanne mit 1 EL Butter einfetten und mit 2 EL Semmelbrösel bestreuen. Den Risotto in die Pfanne füllen. Den restlichen Parmesan und die Semmelbrösel darauf verteilen. Im auf 200 °C vorgeheizten Backofen 20 Minuten knusprig backen.

Den Risottokuchen aus dem Ofen nehmen und heiß servieren.

Rotweinrisotto

30 g Butter
1 kleine rote Zwiebel, fein gehackt
300 g Risottoreis Carnaroli (wahlweise Vialone Nano oder Arborio)
500 ml kräftiger Rotwein, z. B. Barolo oder Nebbiolo
500 ml Geflügel- oder Gemüsefond
Salz, schwarzer Pfeffer
80 g Parmesan, gerieben

Zubereitungszeit:
ca. 25 Minuten

Die Hälfte der Butter in einem Topf zerlassen und die Zwiebel darin anschwitzen. Den Reis hinzufügen und 2 Minuten farblos mitrösten.

Dann den heißen Wein in kleinen Mengen einrühren, gegebenenfalls mit heißem Fond fortfahren. Der Reis sollte nach 15 bis 20 Minuten gar, aber noch bissfest sein.

Den Topf von der Herdplatte nehmen und den Reis mit Salz und Pfeffer abschmecken. Die restliche kalte Butter und den Parmesan unterrühren und sofort servieren.

Balsamicorisotto

50 g Butter
1 kleine Zwiebel, fein gehackt
300 g Risottoreis Carnaroli (wahlweise Vialone Nano oder Arborio)
1 l klarer Geflügel- oder Gemüsefond
50 g Parmesan, gerieben
Salz, schwarzer Pfeffer
4 TL traditioneller Aceto balsamico di Modena
60 g Parmesan, gehobelt

Zubereitungszeit:
ca. 25 Minuten

Die Hälfte der Butter zerlassen und die Zwiebel darin glasig anschwitzen. Den Reis zugeben und 2 Minuten farblos mitrösten.

Den heißen Fond unter ständigem Rühren in kleinen Mengen, ca. jeweils 1 Schöpfkelle, zugießen. Erst wenn der Reis die Flüssigkeit vollständig aufgenommen hat, erneut Fond zugeben. Nach 15 bis 20 Minuten sollte der Reis gar, aber noch bissfest sein. Ist die Brühe vorher aufgebraucht, kochendes Wasser verwenden.

Danach die restliche kalte Butter und den geriebenen Parmesan unter den Risotto mischen. Mit Salz und Pfeffer abschmecken und sofort servieren. Auf jede Portion 1 TL Aceto balsamico geben und den Parmesan frisch darüberhobeln.

Tipp: Verwenden Sie ausschließlich einen guten, alten »Aceto Balsamico traditionale di Modena«!

Risotto mit Rosenblüten

4 frische, gerade erblühende rosa Rosen (aus biologischem Anbau)
120 g Butter
300 g Risottoreis Vialone Nano (wahlweise Carnaroli oder Arborio)
Etwas Muskatnuss, gerieben
150 ml trockener Rosé oder Weißwein
1 l klarer Fleisch- oder Geflügelfond
Salz, schwarzer Pfeffer
100 ml Crème double oder flüssige Sahne
100 g Butterkäse, z. B. Bel Paese, gehobelt

Zubereitungszeit:
ca. 30 Minuten

Die Blütenköpfe vorsichtig waschen und die Blütenblätter abzupfen. 8 sehr schöne Blätter zum Dekorieren beiseitelegen. Den Rest nach heller oder dunkler Färbung sortieren.

Die Hälfte der Butter in einem großen Topf erhitzen und nacheinander den Reis, etwas geriebene Muskatnuss und die hellen Blütenblätter zugeben und 2 Minuten unter ständigem Rühren anschwitzen.

Mit Wein ablöschen. Den heißen Fond unter Rühren in kleinen Mengen, ca. jeweils 1 Schöpfkelle, zugießen. Erst wenn der Reis die Flüssigkeit vollständig aufgenommen hat, erneut Fond zugeben.

Nach 10 Minuten die dunkleren Blütenblätter hinzufügen und alles 5 bis 6 Minuten weitergaren.

Wenn der Reis gar, aber noch bissfest ist, den Topf von der Herdplatte nehmen. Alles mit Salz und Pfeffer abschmecken und die restliche kalte Butter und die Crème double einrühren. Zum Servieren den Risotto mit gehobeltem Käse bestreuen und mit den Rosenblättern garnieren.

Zitronenrisotto

30 g Butter
1 kleine Zwiebel, fein gehackt
300 g Risottoreis Carnaroli (wahlweise Vialone Nano oder Arborio)
100 ml trockener Weißwein
Saft und Schale von 1 reifen unbehandelten Zitrone
3/4 bis 1 l klarer Geflügel- oder Gemüsefond
3 EL frische Petersilie, fein gehackt
Salz, schwarzer Pfeffer
80 g Caciocavallo (Hartkäse aus Süditalien) oder Parmesan, gerieben (nach Belieben)

Zubereitungszeit:
ca. 30 Minuten

Die Butter in einem großen Topf zerlassen und die Zwiebel darin anschwitzen.

Den Reis einrühren und 2 Minuten farblos mitrösten. Mit dem Wein ablöschen und die Hälfte der Zitronenschale hinzufügen.

Den heißen Fond unter ständigem Rühren in kleinen Mengen, ca. jeweils 1 Schöpfkelle, zugießen. Erst wenn der Reis die Flüssigkeit vollständig aufgenommen hat, erneut Fond zugeben. Nach 15 bis 20 Minuten sollte der Reis gar, aber noch bissfest sein.

Den Topf von der Herdplatte nehmen und die Petersilie, den Zitronensaft und die restliche Zitronenschale unterrühren. Mit Salz und Pfeffer abschmecken. Den Käse in den Reis einrühren oder separat dazu reichen.

Risotto mit Serranoschinken und Galiamelone

1 Galiamelone
150 g Serranoschinken
200 ml weißer Portwein
2 EL Olivenöl
1 Zwiebel
300 g Carnaroli oder anderer Risottoreis
1 l Gemüsefond
40 g Parmesan, gerieben
2 EL Crème fraîche
Salz, Pfeffer

Zubereitungszeit:
ca. 30 Minuten Einlegezeit für die Melone / ca. 30 Minuten für den Risotto

Die Galiamelone schälen, die Kerne entfernen und in Würfel schneiden. Die Melonenwürfel in dem Portwein ca. 30 Minuten einlegen.

Den Serranoschinken in feine Streifen schneiden.

Das Olivenöl in einem Topf erhitzen und darin die Zwiebel anschwitzen. Den Reis zugeben und farblos mitrösten.

Die Melonenstücke aus dem Portwein nehmen und beiseitestellen. Den Reis mit dem Portwein ablöschen. Dann die Schinkenstreifen zufügen.

1 Schöpfkelle Fond aufgießen. Wenn der Reis die Flüssigkeit vollständig aufgenommen hat, unter Rühren kleine Mengen heißen Fond zugeben. Nach ca. 10 Minuten die Melonenstücke einrühren. Nach weiteren 5 bis 10 Minuten sollte der Reis gar, aber noch bissfest sein.

Den Reis von der Herdplatte nehmen, den Parmesan und die Crème fraîche unterrühren. Mit Salz und Pfeffer abschmecken. Sofort heiß servieren.

Risotto mit Pancetta und Kakifrucht

150 g Pancetta
1 EL Olivenöl
1 Zwiebel, gehackt
1 Knoblauchzehe, gehackt
250 g Risottoreis Arborio oder Carnaroli
100 ml trockener Weißwein
1 l Gemüsefond
2 reife Kakifrüchte
1 Bund Rucola
50 g Parmesan, gerieben
2 EL Butter
Salz, Pfeffer

Zubereitungszeit:
ca. 30 Minuten

Pancetta in kleine Streifen schneiden. 1 EL Olivenöl in einem Topf zerlassen und darin Pancetta, die Zwiebel und den Knoblauch anschwitzen.

Den Reis zufügen und kurz farblos mitrösten. Alles mit Weißwein ablöschen. 1 Schöpfkelle heißen Fond zugießen. Wenn der Reis die Flüssigkeit vollständig aufgenommen hat, unter ständigem Rühren kleine Mengen heißen Fond zugeben. Nach ca. 15 bis 20 Minuten sollte der Reis gar, aber noch bissfest sein.

Die Kakifrüchte halbieren und das Fruchtfleisch mit einem Löffel auslösen und klein schneiden. Den Rucola putzen und in grobe Stücke zupfen.

Den Reis vom Herd nehmen und die Kakifruchtstücke, den Parmesan und die kalte Butter einrühren. Mit Salz und Pfeffer abschmecken. Kurz vor dem Servieren den Rucola unterheben.

Risotto vom Kitzbüheler Speck und Portweinfeigen

8 Feigen
1/4 l Portwein
1 EL Honig
2 EL Olivenöl
350 g Risottoreis Carnaroli
1 weiße Zwiebel
200 g Kitzbüheler Speck
1/4 l Weißwein
1 l Gemüsefond
2 EL kalte Butter
2 EL Parmesan, gerieben
Salz, schwarzer Pfeffer

Zubereitungszeit:
ca. 30 Minuten

Die Feigen mit einer Nadel von allen Seiten einstechen. In einem Topf den Portwein mit dem Honig aufkochen. Die Feigen dazugeben, einmal aufkochen und dann zugedeckt ohne Hitze auf der warmen Herdplatte ziehen lassen. Die Feigen immer wieder wenden und mit der Flüssigkeit übergießen.

In der Zwischenzeit 2 EL Olivenöl in einem Topf erhitzen und darin den Risottoreis ca. 2 Minuten farblos anrösten.

Die Zwiebel schälen. Den Speck und die Zwiebel in kleine Würfel schneiden und mit dem Reis anschwitzen.

Mit Weißwein ablöschen und 1 Schöpfkelle des heißen Fonds zugießen. Wenn der Reis die Flüssigkeit aufgenommen hat, unter Rühren kleine Mengen Fond zugeben. Nach ca. 15 bis 20 Minuten sollte der Reis gar, aber noch bissfest sein.

Dann die kalte Butter und den geriebenen Parmesan einrühren. Mit Salz und Pfeffer abschmecken. Die Feigen abtropfen lassen, vierteln und in den Risotto mischen.

Sofort servieren.

Birnen-Gorgonzola-Risotto mit Walnüssen

2 EL Olivenöl
350 g Risottoreis Carnaroli
1 weiße Zwiebel
1/4 l trockener Weißwein
1 l Gemüsefond
100 g Gorgonzola
2 reife Birnen, ungeschält und entkernt
Salz, schwarzer Pfeffer
50 g Walnüsse
2 EL Butter
2 Salbeiblätter

Zubereitungszeit:
ca. 30 Minuten

2 EL Olivenöl in einem Topf erhitzen. Darin den Risottoreis 2 Minuten farblos anrösten.

Die Zwiebel schälen, in kleine Würfel schneiden und mit dem Reis anschwitzen.

Mit Weißwein ablöschen, diesen verkochen lassen und 1 Schöpfkelle heißen Fond zugießen. Wenn der Reis die Flüssigkeit vollständig aufgenommen hat, unter Rühren kleine Mengen Fond zugeben, bis der Reis gar ist, aber noch Biss hat.

Den Gorgonzola und die ungeschälte, aber entkernte Birne in 1 cm große Würfel schneiden und unter den Risotto mischen. Mit Salz und Pfeffer abschmecken.

Die Walnüsse hacken und in einer Pfanne ohne Fettzugabe rösten. Wenn sie braun sind, die Butter und die fein geschnittenen Salbeiblätter kurz mitschwenken.

Den Risotto auf einen Teller geben und mit der Nuss-Salbei-Mischung garnieren.

Gemüse

Risotto mit grünem Spargel

1 kg grüner Spargel
Etwas Salz
130 g Butter
1 mittelgroße Zwiebel, fein gehackt
280 g Risottoreis Vialone Nano (wahlweise Carnaroli oder Arborio)
1/4 l trockener Weißwein
Salz, schwarzer Pfeffer
50 g Parmesan, gerieben

Zubereitungszeit:
ca. 50 Minuten

Die Spargelspitzen (2 bis 3 cm) abschneiden und beiseitestellen. Die harten, ungenießbaren Enden von den Spargelstangen entfernen, den Rest in 4 cm lange Stücke schneiden und in 1 l Salzwasser garen. Die Spargelstücke mit 375 ml des Spargelfonds pürieren und aufkochen.

50 g Butter in einem großen Topf erhitzen und die Zwiebel darin glasig andünsten.

Den Reis einrühren und farblos mitrösten. Anschließend mit Weißwein ablöschen und diesen verkochen lassen. Den Rest des heißen Spargelfonds unter Rühren in kleinen Mengen zugießen. Erst wenn der Reis die Flüssigkeit vollständig aufgenommen hat, erneut Fond zugeben. Nach ca. 20 Minuten sollte der Reis gar sein, aber noch Biss haben.

In der Zwischenzeit die Spargelspitzen in einer Pfanne mit 50 g Butter weich dünsten.

Den Risotto mit Salz und Pfeffer abschmecken. Die restliche kalte Butter, den Parmesan und die Spargelspitzen unterrühren. Nach Belieben etwas schwarzen Pfeffer darübermahlen. Heiß servieren.

Risotto mit Zucchiniblüten

8 Zucchiniblüten
1 Zucchinifrucht
80 g Butter
1 Zwiebel, fein gehackt
300 g Risottoreis Vialone Nano (wahlweise Carnaroli oder Arborio)
3/4 bis 1 l klarer Geflügel- oder Gemüsefond
Salz, schwarzer Pfeffer
60 g Parmesan, gerieben
8 Basilikumblätter, grob zerpflückt

Zubereitungszeit:
ca. 40 Minuten

Von den Zucchini bei Bedarf die Blüten abschneiden. Die Frucht in hauchdünne Scheiben schneiden, den Stielansatz entfernen. Die Blüten von Stielen, Staubblättern und Stempel befreien und vorsichtig in eine Schüssel mit Wasser legen, um Schmutzpartikel und Insekten abzuwaschen. Trocken tupfen und in grobe Streifen schneiden.

Die Hälfte der Butter in einem großen Topf erhitzen und die Zwiebel darin anschwitzen. Die Zucchinischeiben zugeben und kurz mitdünsten. Den Reis zugeben und 2 Minuten farblos mitrösten.

Den heißen Fond unter Rühren in kleinen Mengen, ca. jeweils 1 Schöpfkelle, zugießen. Erst wenn der Reis die Flüssigkeit vollständig aufgenommen hat, erneut Fond zugeben. Nach 15 Minuten sollte der Reis fast gar sein.

Dann die Zucchiniblüten zugeben.

Den Risotto von der Herdplatte nehmen und mit Salz und Pfeffer abschmecken. Parmesan, Basilikum und den Rest der kalten Butter einrühren. Schwarzen Pfeffer aus der Mühle dazu reichen.

Risotto mit Dreierlei von der Tomate

1,5 kg Fleischtomaten
3/4 l Gemüsefond
2 EL Olivenöl
350 g Risottoreis Carnaroli
1 weiße Zwiebel
1/4 l trockener Weißwein
20 Cocktailtomaten
Meersalz
2 EL Puderzucker
1/4 l Tomatensaft
2 cl trockener Sherry
1/8 l Sahne
Salz, Pfeffer
3 EL Parmesan
2 EL Butter

Zubereitungszeit:
ca. 30 Minuten für den Risotto / 1 1/2 bis 2 Stunden Trocknungszeit für die Tomaten

Die Fleischtomaten in Stücke schneiden und mit dem Gemüsefond aufkochen. Alles pürieren und über Nacht durch ein Küchentuch passieren. Den Fond auffangen.

2 EL Olivenöl in einem Topf erhitzen. Darin den Reis 2 Minuten farblos anrösten.

Die Zwiebel schälen, in kleine Würfel schneiden und mit dem Reis anschwitzen. Mit Weißwein ablöschen und 1 Schöpfkelle heißen Tomatenfond zugießen. Wenn der Reis die Flüssigkeit aufgenommen hat, unter Rühren kleine Mengen heißen Fond zugeben, bis der Reis gar, aber noch bissfest ist.

Cocktailtomaten halbieren und mit Schnittseite nach oben auf ein mit Backpapier ausgelegtes Backblech setzen. Mit Meersalz und Puderzucker bestreuen. Bei 100 °C im Backofen ca. 2 Stunden trocknen.

Den Tomatensaft mit Sherry und Sahne aufkochen. Alles mit Salz und Pfeffer abschmecken und schaumig aufmixen. In den Risotto Parmesan und kalte Butter einrühren. Die Cocktailtomaten unterheben. Den Risotto mit dem Tomatenschaum servieren.

Risotto Cinque Terre

2 Knoblauchzehen
1 Handvoll Basilikumblätter
Salz
400 g Tomaten, geschält und gehackt
3 EL Olivenöl extra vergine
30 g ganze Pinienkerne
300 g Risottoreis Carnaroli (wahlweise Vialone Nano oder Arborio)
150 ml trockener Weißwein
1 l klarer heißer Geflügel- oder Gemüsefond
40 g Butter
60 g Pecorino, gerieben
8 Basilikumblätter, grob gehackt

Zubereitungszeit:
ca. 50 Minuten

Den Knoblauch und das Basilikum mit etwas Salz zerstoßen oder in der Küchenmaschine zerkleinern.

Die gehackten Tomaten in einem Topf mit 1 EL Olivenöl sanft anbraten und die Knoblauch-Basilikum-Mischung einrühren. 10 Minuten köcheln lassen.

Das restliche Olivenöl in einem anderen Topf erhitzen und darin die Pinienkerne braun rösten. Dann den Reis hinzufügen und 1 bis 2 Minuten sanft mitrösten.
Alles mit dem Wein ablöschen. Den heißen Fond unter ständigem Rühren in kleinen Mengen, ca. jeweils 1 Schöpfkelle, zugießen. Erst wenn der Reis die Flüssigkeit vollständig aufgenommen hat, erneut Flüssigkeit zugeben. Nach 10 Minuten die Tomatensauce zugeben und weiter in kleinen Mengen heißen Fond zugießen, bis der Reis nach ca. 15 bis 20 Minuten gar, aber noch bissfest ist.

Den Topf von der Herdplatte nehmen. Die kalte Butter, Pecorino und die Basilikumblätter einrühren. Sofort servieren.

Risotto mit Artischocken

8 kleine junge Artischocken (vorzugsweise italienische)
Saft von 1 Zitrone
50 g Butter
1 kleine Zwiebel, fein gehackt
3/4 bis 1 l klarer Geflügel- oder Gemüsefond
300 g Risottoreis Carnaroli (wahlweise Vialone Nano oder Arborio)
50 g Parmesan, gerieben
3 bis 4 EL Olivenöl
Salz, schwarzer Pfeffer
3 EL frisch gehackte Minze

Zubereitungszeit:
ca. 50 Minuten

Die äußeren harten Blätter der Artischocke entfernen und die Blattspitzen kürzen. Die Artischocken vierteln und das Heu im Inneren entfernen. Die Viertel in dünne Scheiben schneiden und in kaltes Wasser mit Zitronensaft legen, damit sie sich nicht verfärben.

Die Butter in einem großen Topf erhitzen und die Zwiebel darin glasig andünsten. Nach einigen Minuten die Artischocken zugeben und mit etwas heißem Fond ablöschen. Zugedeckt 10 Minuten langsam garen lassen, bis die Flüssigkeit verkocht ist. Die gegarten Artischocken aus dem Topf nehmen und beiseitestellen.

Den Reis in den Topf geben und kurz farblos anschwitzen. 1 Schöpfkelle heißen Fond zugießen. Wenn der Reis die Flüssigkeit vollständig aufgenommen hat, unter Rühren kleine Mengen Fond zugeben. Nach ca. 20 Minuten sollte der Reis gar, aber noch bissfest sein.

Die Artischocken, Parmesan und Olivenöl einrühren. Mit Salz und Pfeffer abschmecken Mit Minze garnieren und sofort servieren.

Risotto mit Fenchel

80 g Butter
3 EL Olivenöl
1 kleine Zwiebel (80 g), in feine, dünne Scheiben geschnitten
1 große Fenchelknolle (ca. 400 g) mit dem Grün, vom Strunk befreit und in feine, dünne Streifen geschnitten
300 g Risottoreis Vialone Nano (wahlweise Carnaroli oder Arborio)
4 EL Noilly Prat (französischer Wermut)
1 l klarer heißer Geflügel- oder Gemüsefond
4 EL Parmesan, gerieben
Salz, schwarzer Pfeffer, frisch gemahlen

Zubereitungszeit:
ca. 50 Minuten

Die Hälfte der Butter und 3 EL Olivenöl in einem großen Topf erhitzen und die Zwiebel und den Fenchel darin 15 Minuten farblos gar dünsten und leicht salzen.

Den Reis hinzufügen und ca. 2 Minuten unter Rühren mit der Zwiebel-Fenchel-Mischung anschwitzen. Alles mit dem Noilly Prat ablöschen.

Den heißen Fond unter ständigem Rühren in kleinen Mengen, ca. jeweils 1 Schöpfkelle, zugießen. Erst wenn der Reis die Flüssigkeit vollständig aufgenommen hat, erneut Fond zugeben. Nach ca. 20 Minuten sollte der Reis gar, aber noch flüssig sein – »all'onda«, wie die Italiener sagen.

Die restliche kalte Butter und den Parmesan einrühren. Mit Salz und frisch gemahlenem Pfeffer abschmecken und servieren.

Risotto alla Primavera

100 g Fave (grüne dicke Bohnenkerne, geschält)
100 g Erbsen, geschält
30 g junge Möhren, in Stifte geschnitten
30 g kleine Zucchini, in Stifte geschnitten
300 g reife Tomaten
350 g Risottoreis Carnaroli (wahlweise Vialone Nano oder Arborio)
4 EL Olivenöl extra vergine
Salz, schwarzer Pfeffer
200 g frischer Ricotta (Raumtemperatur)
8 Basilikumblättchen

Zubereitungszeit:
ca. 50 Minuten

Die Bohnen, die Erbsen und die Möhren in einem Topf in kochendem Salzwasser ca. 10 Minuten garen. Kurz vor Ende der Garzeit die Zucchini zufügen. Am Ende das Gemüse abseihen und warm stellen. Die Tomaten fein hacken und mit Salz und Pfeffer abschmecken.

Den Reis in 700 ml kochendem Salzwasser in einem zweiten Topf 15 bis 20 Minuten garen. Wenn der Reis die Flüssigkeit vollständig aufgenommen hat, mit der Hälfte des Öls mischen, mit Salz und Pfeffer abschmekken und auf Teller anrichten.

In die Mitte einen Löffel Tomatenpüree und etwas Ricotta geben. Dann fein gezupftes Basilikum darüberstreuen. Das restliche Olivenöl mit dem abgetropften, warmen Frühlingsgemüse mischen und auf dem Reis anrichten.

Spinatrisotto

500 g frischer Spinat
100 g Butter
Salz
1 Zwiebel, fein gehackt
300 g Risottoreis Vialone Nano (wahlweise Carnaroli oder Arborio)
1 l klarer Geflügel- oder Gemüsefond
5 EL Parmesan, gerieben
Etwas Muskatnuss, gerieben

Zubereitungszeit:
ca. 1 Stunde

Tipp: Es kann auch anderes grünes Blattgemüse wie z. B. junger Mangold statt Spinat verwendet werden.

Den Spinat waschen und zugedeckt in einem Topf in kochendem Salzwasser kurz blanchieren. Gut abtropfen lassen und anschließend pürieren.

25 g Butter in einem großen Topf zerlassen und darin langsam die Zwiebeln glasig dünsten. Den Reis hinzufügen und 2 Minuten farblos mit anrösten.

Den heißen Fond unter ständigem Rühren in kleinen Mengen, ca. jeweils 1 Schöpfkelle, zugießen. Erst wenn der Reis die Flüssigkeit vollständig aufgenommen hat, erneut Fond zugeben. Nach ca. 15 bis 20 Minuten sollte der Reis gar, aber noch bissfest sein.

Währenddessen 50 g Butter in einem Topf erhitzen und 2 EL Parmesan und den pürierten Spinat hinzufügen. Den Spinat mit geriebener Muskatnuss und Salz abschmecken und in den Reis einrühren. Alles noch ein paar Minuten ziehen lassen.

Die restliche kalte Butter und den restlichen Parmesan untermischen. Servieren.

Sellerie-Spinat-Risotto

350 g frischer Spinat
Salz
1 kleine Lauchstange
3 El Olivenöl
1 kleine Zwiebel, gehackt
2 EL sehr fein gehackter Staudensellerie
1 EL sehr fein gehackte Karotten
Salz, schwarzer Pfeffer
300 g Risottoreis Carnaroli (wahlweise Vialone Nano oder Arborio)
1 l Geflügelfond
1 EL Butter
50 g Parmesan

Zubereitungszeit:
ca. 1 Stunde

Den Spinat in kaltem Wasser einweichen und säubern. Anschließend in kochendem Salzwasser kurz blanchieren, in Eiswasser abschrecken und klein hacken.

Den Lauch säubern und in dünne Scheiben schneiden.

1 EL Olivenöl in einem Topf erhitzen. Die Hälfte der Zwiebel und den Lauch glasig anschwitzen. Den Staudensellerie und die Karotte schälen, sehr fein hacken und zu der Zwiebel geben. Zum Schluss den Spinat zufügen. Mit Salz und Pfeffer abschmecken.

2 EL Olivenöl in einem Topf erhitzen. Darin den Reis 2 Minuten farblos anrösten. Die restliche Zwiebel mit dem Reis anschwitzen. 1 Schöpfkelle warmen Fond zugießen. Wenn der Reis die Flüssigkeit aufgenommen hat, unter Rühren kleine Mengen Fond zugeben. Nach 15 bis 20 Minuten sollte der Reis gar, aber noch bissfest sein.

Den Spinat zufügen und den Topf von der Herdplatte nehmen. Mit Salz und Pfeffer abschmecken. Die Butter und den Parmesan einrühren. Auf Teller anrichten und servieren.

Algen-Spinat-Risotto

2 EL Olivenöl
1 weiße Zwiebel, gehackt
2 kleine Schalotten, gehackt
2 Knoblauchzehen, gehackt
Meersalz
300 g Risottoreis
150 ml trockener Weißwein
1 l Gemüsefond
Saft und Schale von 3/4 Zitrone
30 g Mascarpone
80 g Parmesan, gerieben
2 Stück geröstete Noriblätter (ca. 5 g)
300 g frischer Spinat, in Salzwasser blanchiert und gehackt
Salz, schwarzer Pfeffer
130 g Walnüsse, geröstet und gehackt

Zubereitungszeit:
ca. 1 Stunde

In einer Pfanne das Olivenöl erhitzen und darin die Zwiebel, die Schalotten und den Knoblauch ca. 4 Minuten glasig anschwitzen. Mit Salz würzen.

Den Reis zufügen und kurz farblos anschwitzen. Mit dem Weißwein ablöschen und die Flüssigkeit vollständig verkochen lassen. Den heißen Fond unter ständigem Rühren in kleinen Mengen, ca. jeweils 1 Schöpfkelle, zugießen. Erst wenn der Reis die Flüssigkeit vollständig aufgenommen hat, erneut Fond zugeben. Nach 15 bis 20 Minuten sollte der Reis gar, aber bissfest sein.

Den Topf von der Herdplatte nehmen und die Zitronenschale, den Mascarpone und die Hälfte des Parmesans einrühren.

Die Noriblätter klein hacken und mit dem Spinat untermischen. Mit Salz, Pfeffer und Zitronensaft abschmecken.

Den Risotto auf Teller geben und mit den Walnüssen garnieren. Den restlichen Parmesan separat reichen.

Zwiebelrisotto

80 g Butter
3 weiße Zwiebeln, fein gehackt
150 ml trockener Weißwein
Salz, schwarzer Pfeffer
300 g Risottoreis Vialone Nano (wahlweise Carnaroli oder Arborio)
1 l klarer Geflügel- oder Gemüsefond
100 ml Crème double oder flüssige Sahne
50 g Parmesan, gerieben

Zubereitungszeit:
ca. 30 Minuten

Die Hälfte der Butter erhitzen und die Zwiebeln darin glasig dünsten. Mit der Hälfte des Weins ablöschen und mit Salz und Pfeffer würzen.

Die restliche Butter in einen großen Topf geben und den Reis darin 2 Minuten unter Rühren anschwitzen.

Den restlichen Wein zugeben und weiterrühren, bis die Flüssigkeit fast verdampft ist. Den heißen Fond mit den gedünsteten Zwiebeln unter ständigem Rühren in kleinen Mengen, ca. jeweils 1 Schöpfkelle, zugießen. Erst wenn der Reis die Flüssigkeit vollständig aufgenommen hat, erneut Fond zugeben. Nach ca. 15 bis 20 Minuten sollte der Reis gar, aber noch bissfest sein.

Die Crème double, den geriebenen Parmesan und etwas schwarzen Pfeffer unterrühren und sofort servieren.

Chicorée-Risotto

3 Chicorée
3 EL Olivenöl
60 ml trockener Weißwein
1 1/4 l Gemüsefond
1 EL Sahne
1 TL Speisestärke
1 kleine Zwiebel, in Würfel geschnitten
250 g Arborio oder anderer Risottoreis
45 g Butter
80 g Parmesan, gerieben
Salz, Pfeffer
3 EL frische Petersilie, gehackt

Zubereitungszeit:
ca. 40 Minuten

Die Chicorée von den äußeren Blättern befreien, waschen und längs in Streifen schneiden. 2 EL Olivenöl in einer Pfanne erhitzen und darin die Chicoréestreifen 10 bis 15 Minuten weich dünsten.

Mit dem Wein ablöschen. 1/4 l heißen Gemüsefond zugießen. Die Sahne mit der Speisestärke in einer kleinen Schüssel glatt rühren und in das Chicoréegemüse geben, um die Sauce zu binden. Alles warm halten.

In einem anderen Topf 1 EL Olivenöl erhitzen und darin die Zwiebelwürfel glasig anschwitzen. Den Reis zugeben und farblos mitrösten. 1 Schöpfkelle Fond aufgießen. Wenn der Reis die Flüssigkeit vollständig aufgenommen hat, unter Rühren kleine Mengen Fond zugeben. Nach ca. 20 Minuten sollte der Reis gar, aber noch bissfest sein. Die Butter und den Parmesan einrühren. Mit Salz und Pfeffer abschmecken.

Den Risotto auf Teller geben und mit den Chicoréestücken belegen. Die Sauce darüberträufeln und mit der frischen Petersilie garnieren. Sofort servieren.

Risotto mit Radicchio

60 g Butter
50 g roher Schinken oder Schinkenspeck, klein gewürfelt
1 Zwiebel, fein gehackt
1 Knoblauchzehe, fein gehackt
2 bis 3 frische Salbeiblätter
2 TL frischer Rosmarin, gehackt
300 g Radicchio, geputzt und in feine Streifen geschnitten
1 l klarer Geflügelfond
300 g Risottoreis Vialone Nano (wahlweise Carnaroli oder Arborio)
Salz, schwarzer Pfeffer
60 g Parmesan, gerieben

Zubereitungszeit:
ca. 45 Minuten

Die Hälfte der Butter in einem Topf erhitzen und den Schinken, die Zwiebel, den Knoblauch und die Kräuter 5 Minuten unter ständigem Rühren darin anschwitzen.

Den Radicchio hinzufügen und 2 EL Fond hinzugießen. Alles 10 Minuten bei niedriger Hitze dünsten. Den Reis einrühren und kurz mitrösten.

Den heißen Fond unter ständigem Rühren in kleinen Mengen, ca. jeweils 1 Schöpfkelle, zugießen. Erst wenn der Reis die Flüssigkeit vollständig aufgenommen hat, erneut Fond zugeben. Nach ca. 15 Minuten sollte der Reis gar, aber noch »all'onda« sein.

Mit Salz und Pfeffer abschmecken, die restliche kalte Butter und Parmesan einrühren. Sofort servieren.

Risotto mit Rosmarinkartoffeln

60 g Butter
50 g durchwachsener Speck, gewürfelt
3 mittelgroße, rohe Kartoffeln, geschält und in Würfel geschnitten
1 Zwiebel, in feine Streifen geschnitten
2 TL frischer Rosmarin, gehackt
250 g Risottoreis Vialone Nano (wahlweise Carnaroli oder Arborio)
1 l klarer Geflügelfond
Salz, schwarzer Pfeffer
80 g Parmesan, gerieben

Zubereitungszeit:
ca. 45 Minuten

Die Hälfte der Butter in einem Topf zerlassen und darin den Speck und die Kartoffeln 5 Minuten anbraten.

Die Zwiebel und den Rosmarin hinzufügen und weitere 5 Minuten anschwitzen.

Den Reis einrühren und 2 Minuten farblos mitrösten.

Den kochend heißen Fond unter ständigem Rühren in kleinen Mengen, ca. jeweils 1 Schöpfkelle, zugießen. Erst wenn der Reis die Flüssigkeit vollständig aufgenommen hat, erneut Fond zugeben. Nach ca. 15 bis 20 Minuten sollte der Reis gar, aber bissfest sein.

Alles mit Salz und Pfeffer abschmecken. Die restliche kalte Butter und die Hälfte des Parmesans einrühren.

Sofort servieren und den restlichen Parmesan separat dazu reichen.

Risotto mit Ofentomaten

6 große Tomaten, halbiert
Salz, schwarzer Pfeffer
6 Basilikumblättchen, halbiert
2 Knoblauchzehen, jeweils in 6 Teile geteilt
2 EL Olivenöl extra vergine
1 Zwiebel, fein gehackt
300 g Risottoreis Carnaroli (wahlweise Vialone Nano oder Arborio)
1 l klarer Gemüsefond
Parmesan zum Reiben

Zubereitungszeit:
ca. 1 Stunde

Die Tomatenhälften mit der Schnittfläche nach oben in eine feuerfeste Form setzen. Mit Salz, Pfeffer und etwas Zucker bestreuen. Jede Hälfte mit einem Basilikumblatt und Knoblauchstück belegen und 20 bis 30 Minuten bei 200 °C im Backofen schmoren.

Danach die Tomaten aus dem Ofen nehmen und Basilikum und Knoblauch entfernen. Die Tomaten schälen und klein hacken.

Das Öl in einem großen Topf erhitzen und die Zwiebel darin glasig dünsten. Den Reis hinzufügen und 2 Minuten farblos mit anschwitzen.

Den heißen Fond unter Rühren in kleinen Mengen, ca. jeweils 1 Schöpfkelle, zugießen. Erst wenn der Reis die Flüssigkeit vollständig aufgenommen hat, erneut Fond zugeben.

Nach 12 Minuten die Tomaten hinzufügen und noch weitere 5 Minuten rühren, bis der Reis gar, aber noch bissfest ist. Sofort servieren. Den Parmesan am Tisch frisch über den Reis reiben.

Auberginenrisotto

300 g kleine Auberginen, in Würfel geschnitten
Grobes Salz
80 g Butter
2 EL natives Olivenöl
1 Zwiebel, fein gehackt
1 Knoblauchzehe, fein gehackt
1/4 l frische Tomatensauce
300 g Risottoreis Carnaroli (wahlweise Vialone Nano oder Arborio)
3/4 l klarer Geflügel- oder Gemüsefond
3 EL frische Petersilie, fein gehackt
60 g Parmesan, gerieben
Salz, schwarzer Pfeffer

Zubereitungszeit:
ca. 30 Minuten für den Risotto / 30 Minuten Ziehzeit für die Auberginen

Die Auberginenwürfel mit grobem Salz bestreuen und 30 Minuten ziehen lassen, um die Bitterstoffe zu entziehen.

Die Hälfte der Butter und das Olivenöl in einem großen Topf erhitzen und darin die Zwiebel, den Knoblauch und die Auberginen ca. 5 Minuten dünsten.

Zuerst die Tomatensauce einrühren und aufkochen lassen. Dann den Reis zufügen und alles ca. 5 Minuten köcheln lassen.

Den heißen Fond unter Rühren in kleinen Mengen, ca. jeweils 1 Schöpfkelle, zugießen. Erst wenn der Reis die Flüssigkeit vollständig aufgenommen hat, erneut Fond zugeben. Nach ca. 20 Minuten sollte der Reis gar, aber noch bissfest sein.

Die Petersilie und den Parmesan einrühren. Mit Salz und frisch gemahlenem schwarzen Pfeffer abschmecken und sofort servieren.

Risotto »Antipasti« mit Bärlauchpesto

5 EL Olivenöl
350 g Risottoreis Carnaroli
1 weiße Zwiebel
1/4 l trockener Weißwein
1 l heißer Gemüsefond
1 rote Paprika
1 grüne Paprika
1 Aubergine
1 Zucchini
2 Fleischtomaten
Salz, schwarzer Pfeffer
1 EL alter Balsamico
4 EL Bärlauch, gehackt
100 g Parmesan, gerieben
2 EL Pinienkerne, geröstet und gehackt
3 EL kalte Butter
100 g Parmesan, gerieben

Zubereitungszeit:
ca. 1 Stunde

2 EL Olivenöl in einem Topf erhitzen. Darin den Risottoreis 2 Minuten farblos anrösten.

Die Zwiebel schälen, in kleine Würfel schneiden und mit dem Reis anschwitzen.

Mit Weißwein ablöschen, diesen verkochen lassen und 1 Schöpfkelle heißen Fond zugießen. Wenn der Reis die Flüssigkeit vollständig aufgenommen hat, unter Rühren kleine Mengen Fond zugeben.

Die Paprika, die Aubergine und die Zucchini in 3 × 3 cm große Stücke schneiden.

3 EL Olivenöl in einer Pfanne erhitzen und darin Paprika, Aubergine und Zucchini scharf anbraten. Mit Salz und Pfeffer abschmecken.

Die Fleischtomaten in grobe Stücke schneiden und zum Gemüse geben. Die Pfanne vom Herd nehmen und alles mit Balsamico abschmecken.

Den Bärlauch mit dem geriebenen Parmesan, den Pinienkernen und 3 EL Olivenöl zu einem Pesto verrühren.

Butter und Parmesan in den Risotto rühren und das Gemüse untermischen. Mit dem Pesto servieren.

Risotto mit Cima di rapa

500 g Cima di rapa (süditalienischer Stengelkohl) oder Broccoli
2 EL Olivenöl
1 Zwiebel, gehackt
1 Knoblauchzehe, gehackt
300 g Risottoreis Vialone Nano
100 ml Weißwein
900 ml Gemüsefond
75 g Mascarpone
50 g Sbrinz (Schweizer extraharter Käse, 45 % Fett)
Salz, schwarzer Pfeffer aus der Mühle

Zubereitungszeit:
ca. 45 Minuten

Den Cima di rapa vom Strunk befreien und putzen. Die Blätter und die Röschen in kochendem Salzwasser weich dünsten. Einige Stücke beiseitestellen, den restlichen Kohl pürieren.

Das Olivenöl in einer Pfanne erhitzen und darin die Zwiebel und den Knoblauch anschwitzen. Den Reis zufügen und kurz farblos mitrösten. Mit dem Weißwein ablöschen und die Flüssigkeit vollständig verkochen lassen. 1 Schöpfkelle heißen Gemüsefond aufgießen. Wenn der Reis die Flüssigkeit vollständig aufgenommen hat, unter ständigem Rühren kleine Mengen Fond zugeben. Nach ca. 15 bis 20 Minuten sollte der Reis gar, aber noch bissfest sein.

Den Reis vom Herd nehmen und den pürierten Cima di rapa, den Mascarpone und den geriebenen Sbrinz unterrühren. Mit Salz und Pfeffer abschmecken.

Den Risotto auf Teller anrichten und mit den ganzen Röschen und Blättern garnieren. Sofort heiß servieren.

Staudenselleriesotto

4 Stangen Staudensellerie
2 EL Olivenöl
1 kleine Zwiebel, gehackt
1/2 EL Selleriegrün
300 g Risottoreis Arborio (wahlweise Carnaroli oder Vialone Nano)
1 l Geflügelfond
Salz, Pfeffer
1 EL Butter
2 EL Parmesan
1/2 EL gehackte Petersilie

Zubereitungszeit:
ca. 40 Minuten

Den Staudensellerie von den Fäden befreien, das Grün abschneiden und in Würfel schneiden.

2 EL Olivenöl in einem Topf erhitzen. Darin die Zwiebel glasig anschwitzen. Die Hälfte der Selleriewürfel und das Selleriegrün zufügen. Den Reis einrühren und kurz farblos mitrösten. 1 Schöpfkelle heißen Fond zugießen. Wenn der Reis die Flüssigkeit vollständig aufgenommen hat, unter Rühren kleine Mengen Fond zugeben.

Nach 10 Minuten alle restlichen Selleriewürfel dazugeben. Nach weiteren ca. 5 bis 10 Minuten sollte der Reis gar, aber bissfest sein. Mit Salz und Pfeffer abschmecken.

Den Topf von der Platte nehmen und die kalte Butter, den Parmesan und die Petersilie einrühren. Sofort heiß servieren.

Risotto mit Lauch und Kürbis

200 g Kürbis (Butternut, Acorn, Kabocha oder Calabaza)
2 Lauchstangen (nur die weißen Teile)
3 EL Olivenöl
1 l heißer Geflügel- oder Gemüsefond
1 TL Petersilie, fein gehackt
300 g Risottoreis Arborio (wahlweise Carnaroli oder Vialone Nano)
1 kleine Zwiebel, fein gehackt
60 ml trockener Weißwein
1 EL Butter
50 g Parmesan, frisch gerieben

Zubereitungszeit:
ca. 1 Stunde

Den Kürbis schälen, entkernen und in kleine Stücke schneiden.

Den Lauch in schmale Streifen schneiden. 1 EL Olivenöl in einer Pfanne erhitzen und darin den Lauch weich dünsten. Mit etwas Fond ablöschen.

Anschließend die Kürbisstücke zugeben, kurz anbraten, dann mit etwas Fond angießen und weich kochen. Am Ende der Garzeit die Petersilie unterrühren. Warm halten.

2 EL Olivenöl in einem Topf erhitzen. Darin den Reis 2 Minuten farblos anrösten.

Die Zwiebel zugeben und glasig anschwitzen. Mit Weißwein ablöschen. 1 Schöpfkelle heißen Fond zugießen. Wenn der Reis die Flüssigkeit aufgenommen hat, unter ständigem Rühren kleine Mengen Fond zugeben.

Nach 15 Minuten die Lauch-Kürbis-Mischung zugeben und 3 bis 5 Minuten mitkochen. Den Topf vom Herd nehmen und die restliche Butter sowie den geriebenen Parmesan unterrühren. Vor dem Servieren ein paar Minuten ziehen lassen.

Kürbis-Ingwer-Risotto

4 EL Olivenöl
1/2 Zwiebel, fein gehackt
1 Schalotte, fein gehackt
1 kleine Knoblauchzehe, gehackt
1 Salbeiblatt
250 g Kürbis (Muskatkürbis oder Hokkaido)
125 ml Wasser
Salz, weißer Pfeffer
280 g Risottoreis Arborio (wahlweise Carnaroli oder Vialone Nano)
75 ml trockener Weißwein
530 ml Gemüsefond
1/2 EL frischen Ingwer, geschält und gehackt
1 EL kalte Butter
4 EL Parmesan, gerieben
1 EL Petersilie, gehackt
2 EL Zitronensaft

Zubereitungszeit:
ca. 1 Stunde

2 EL Olivenöl in einem Topf erhitzen. Darin die Hälfte der Zwiebel, die Schalotte, den Knoblauch und das Salbeiblatt anschwitzen.

Den Kürbis schälen, in ca. 2,5 cm große Stücke schneiden und zu den Zwiebeln geben. Mit dem Wasser aufgießen und weich kochen. Das Salbeiblatt entfernen und alles pürieren. Mit Salz und Pfeffer abschmecken.

2 EL Olivenöl in einem Topf erhitzen. Darin den Risottoreis 3 Minuten farblos anrösten. Die restliche Zwiebel mit dem Reis anschwitzen. Mit Weißwein ablöschen und dann 1 Schöpfkelle warmen Fond zugießen. Wenn der Reis die Flüssigkeit vollständig aufgenommen hat, unter Rühren kleine Mengen Fond zugeben.

Nach der Hälfte der Garzeit, nach ca. 7 Minuten, den Ingwer und die Kürbismischung hinzufügen.

Den Topf von der Herdplatte nehmen und die kalte Butter, den Parmesan, 1/2 EL Petersilie und den Zitronensaft einrühren. Mit Salz und Pfeffer abschmecken und mit der restlichen Petersilie garnieren.

Löwenzahn-Kürbis-Risotto

2 EL Olivenöl
350 g Risottoreis Carnaroli
1 weiße Zwiebel
300 g Kürbis (am besten Hokkaido oder anderer orangefleischiger Kürbis)
1/4 l trockener Weißwein
1 l heißer Gemüsefond
2 EL Butter
2 EL Parmesan, gerieben
Salz, schwarzer Pfeffer
150 g Löwenzahn, gewaschen und gezupft

Zubereitungszeit:
ca. 30 Minuten

2 EL Olivenöl in einem Topf erhitzen. Darin den Risottoreis 2 Minuten farblos anrösten.

Die Zwiebel und den Kürbis schälen und in kleine Würfel schneiden und mit dem Reis anschwitzen.

Mit Weißwein ablöschen, verkochen lassen und 1 Schöpfkelle heißen Fond zugießen. Wenn der Reis die Flüssigkeit vollständig aufgenommen hat, unter ständigem Rühren kleine Mengen heißen Fond zugeben, bis der Reis gar, aber noch bissfest ist.

Die Butter und den geriebenen Parmesan einrühren. Mit Salz und Pfeffer abschmecken.

Den Löwenzahn hacken, untermischen und alles vor dem Servieren noch kurze Zeit ziehen lassen.

Risotto mit grünen Bohnen und Pecorino auf Pancetta

100 g grüne Stangen- oder Buschbohnen
2 EL Olivenöl
350 g Risottoreis Carnaroli
1 weiße Zwiebel
1/4 l Weißwein
1 l heißer Gemüsefond
2 EL Butter
4 EL Pecorino, gerieben
Salz, schwarzer Pfeffer
200 g Pancetta, in dünne Scheiben geschnitten

Zubereitungszeit:
ca. 30 Minuten

Die Bohnen putzen und in kochendem Salzwasser bissfest kochen. In Eiswasser abschrecken.

2 EL Olivenöl in einem Topf erhitzen. Darin den Reis 2 Minuten farblos anrösten. Die Zwiebel schälen, in kleine Würfel schneiden und mit dem Reis anschwitzen.

Mit Weißwein ablöschen und 1 Schöpfkelle des heißen Fonds zugießen. Wenn der Reis die Flüssigkeit vollständig aufgenommen hat, unter ständigem Rühren kleine Mengen Fond zugeben. Nach 15 bis 20 Minuten sollte der Reis gar, aber bissfest sein.

Die Bohnen halbieren und unter den Risotto mischen. Die kalte Butter mit dem Pecorino einrühren. Mit Salz und Pfeffer abschmecken.

Die Pancettascheiben auf Teller legen und den heißen Risotto darauf anrichten. Sofort servieren.

Okrarisotto mit Ingwer

- 500 g ganze Okraschoten,
- 3 EL Olivenöl
- 1 Schalotte, gehackt
- 1 Karotte, in feine Würfel geschnitten
- 1 Stange Sellerie, in feine Würfel geschnitten
- 1/2 Stange Lauch, in feine Streifen geschnitten (nur das weiße Ende)
- 300 g Risottoreis Arborio
- 1 l heißer Gemüsefond
- 1 TL frischen Ingwer, gerieben
- Salz, schwarzer Pfeffer
- 2 EL Butter
- 1 Prise Chiliflocken
- 3 EL Parmesan, gerieben
- 2 EL frische Petersilie, gehackt

Zubereitungszeit:
ca. 1 Stunde

Die Okraschoten säubern und in kochendem Salzwasser kurz blanchieren.

2 EL Olivenöl in einem Topf zerlassen und darin die Schalotte, die Karotte, den Sellerie und den Lauch weich dünsten.

Den Reis zufügen und kurz farblos mitrösten. 1 Schöpfkelle heißen Gemüsefond aufgießen. Wenn der Reis die Flüssigkeit vollständig aufgenommen hat, unter Rühren kleine Mengen heißen Fond zugeben. Nach ca. 15 bis 20 Minuten sollte der Reis gar, aber noch bissfest sein.

In der Zwischenzeit den Ingwer in 1 EL Olivenöl anschwitzen. Die blanchierten Okraschoten zugeben und weich dünsten. Bei Bedarf etwas Fond aufgießen. Mit Salz und Pfeffer abschmecken.

Den Reis vom Herd nehmen und die kalte Butter, die Chiliflocken, den Parmesan und den Großteil der Petersilie einrühren. Mit Salz und Pfeffer abschmecken.

Den Risotto auf Teller anrichten und die Okraschoten darüber verteilen. Mit der restlichen Petersilie garnieren und servieren.

Risotto Oriental

200 g frische, gepalte Erbsen oder TK-Ware
4 EL Olivenöl
1 TL Schwarzkümmelsamen
1 Schalotte, gehackt
2 kleine Knoblauchzehen
1 EL geriebener Ingwer
1 kleine Chilischote, entkernt und gehackt
10 Tomaten, geschält, entkernt und gehackt
1 TL frischer Koriander, gehackt
1 TL Currypulver
1 TL Fenchelsamen
1 EL Minze, gehackt
4 EL Petersilie, gehackt
180 g Naturjoghurt
Salz, schwarzer Pfeffer
300 g Risottoreis Arborio oder Carnaroli
1 kleine Zwiebel, gehackt
3 EL Sesamsamen
1 l heißer Gemüsefond

Die Erbsen in Salzwasser weich kochen. Die Flüssigkeit abgießen.

2 EL Olivenöl erhitzen und darin die Kümmelsamen, die Schalotte und eine gehackte Knoblauchzehe anschwitzen. Den Ingwer und die Chilischote zufügen und mitrösten.

Dann die Tomaten, den Koriander, Currypulver, Fenchelsamen und die Hälfte der Minze und der Petersilie zugeben. Halb zugedeckt 15 Minuten köcheln lassen. Gelegentlich umrühren.

Die Tomatenmischung pürieren und die Erbsen einrühren. Alles 5 Minuten köcheln. Abkühlen lassen und dann den Joghurt einrühren. Mit Salz und Pfeffer abschmecken.

2 EL Olivenöl in einem Topf erhitzen. Darin den Reis 2 Minuten farblos anrösten.

Die Zwiebel, eine gehackte Knoblauchzehe und die Sesamsamen mit dem Reis anschwitzen. Dann 1 Schöpfkelle heißen Fond zugießen. Wenn der Reis die Flüssigkeit vollständig aufgenommen hat, unter Rühren kleine Mengen Fond zugeben. Nach 15 bis 20 Minuten sollte der Reis gar, aber noch

2 EL Butter
50 g Schafskäse, gewürfelt

Zubereitungszeit:
ca. 1 Stunde 15 Minuten
und Abkühlzeit der
Tomatensauce

bissfest sein. Am Ende der Garzeit den Topf von der Herdplatte nehmen und den Reis mit der Butter verfeinern.

Den Risotto auf Teller geben und mit der Erbsen-Tomatensauce anrichten. Die Schafskäsewürfel darüber verteilen und mit dem Rest der Minze und der Petersilie garnieren.

Fisch
& Frutti di Mare

Risotto frutti di mare

300 g Muscheln (z. B. Miesmuscheln)
100 g Venusmuscheln in den Schalen
4 EL Olivenöl extra vergine
2 Zwiebeln, fein gehackt
1 getrocknete Chilischote
4 kleine Tintenfische, gesäubert und in Streifen geschnitten
1 kleine Sepia, gesäubert und in Streifen geschnitten
250 g Risottoreis Carnaroli
250 ml trockener Weißwein
3/4 l Fischfond
1 Dose (ca. 420 g) Eiertomaten, gewürfelt
1 EL Oregano, gehackt
Salz, schwarzer Pfeffer
4 große Garnelen
1 EL Petersilie, gehackt

Zubereitungszeit:
ca. 2 Stunden

Die Muscheln unter fließendem Wasser abbürsten, den Bart entfernen und die Venusmuscheln säubern. Geöffnete aussortieren.

Alle restlichen Muscheln in einem Topf in etwas Wasser kochen, bis sie sich öffnen. Ungeöffnete Muscheln entfernen. Abkühlen lassen und das Muschelfleisch auslösen.

3 EL Olivenöl in einen großen Topf geben und darin die Zwiebel, die Chilischote, Tintenfische und Sepia 2 Minuten andünsten.

Den Reis hinzufügen und 2 Minuten farblos mitdünsten. Alles mit dem Wein ablöschen. Den heißen Fond unter Rühren in kleinen Mengen, ca. jeweils 1 Schöpfkelle, zugießen. Erst wenn der Reis die Flüssigkeit aufgenommen hat, erneut Fond zugeben.

Nach 10 Minuten das Muschelfleisch, die Tomaten und nach Belieben Oregano zufügen. Mit Salz und Pfeffer abschmecken.

Die Garnelen mit Salz und Pfeffer würzen und von jeder Seite ca. 3 Minuten in 1 EL Olivenöl braten. Petersilie in den Risotto rühren und die Garnelen darauf anrichten. Eine Flasche mit gutem Olivenöl dazu reichen.

Risotto mit Garnelen

125 ml trockener Weißwein
1 l Lorbeerblatt
Salz, schwarzer Pfeffer
200 g rohe Garnelen, geschält und ohne Darm
2 EL Olivenöl
1 kleine Zwiebel, fein gehackt
1 Knoblauchzehe, fein gehackt
300 g Risottoreis Vialone Nano (wahlweise Carnaroli oder Arborio)
3/4 l guter Fischfond
1 EL frische Petersilie, fein gehackt
2 bis 3 EL Olivenöl zum Anrichten

Zubereitungszeit:
ca. 35 Minuten

Den Wein und gut 1 Tasse Wasser mit dem Lorbeerblatt und etwas Salz in einem Topf erhitzen und darin die rohen Garnelen 5 Minuten kochen. Anschließend die Garnelen aus dem Sud nehmen und den Sud weiterköcheln lassen.

2 EL Olivenöl in einem großen Topf erhitzen. Die Zwiebel und den Knoblauch darin anschwitzen. Mit dem Garnelensud ablöschen. Den Reis einrühren, kurz mitrösten und nach 2 Minuten nach und nach den kochenden Fischfond zugeben, jeweils ca. 1 Schöpfkelle. Erst wenn der Reis die Flüssigkeit vollständig aufgenommen hat, erneut heißen Fond zugeben. Nach 15 bis 20 Minuten sollte der Reis gar, aber bissfest sein.

Den Topf von der Herdplatte nehmen und die Petersilie, die Garnelen und das Olivenöl einrühren. Mit Salz und Pfeffer abschmecken.

Zu Risotto mit Fisch oder Meeresfrüchten wird in der Regel kein Käse gereicht.

Risotto mit Zucchini und Garnelen

350 g Garnelen, roh
3 EL Olivenöl extra vergine
Salz, schwarzer Pfeffer
200 g junge Zucchini
1 kleine Zwiebel, fein gehackt
300 g Risottoreis Carnaroli (wahlweise Vialone Nano oder Arborio)
1 l klarer Geflügel- oder Fischfond
2 bis 3 EL Olivenöl zum Anrichten
1 EL Petersilie, gehackt

Zubereitungszeit:
ca. 35 Minuten

Werden ganze Garnelen verwendet, den Kopf abtrennen und schälen. Ansonsten jede Garnele der Länge nach aufschneiden und den Darm entfernen.

Die Hälfte des Olivenöls in einem Topf erhitzen und darin die Garnelen kurz anbraten. Salzen, pfeffern und beiseitestellen.

Die Zucchini längs in vier Streifen schneiden und würfeln. In denselben Topf, in dem die Garnelen angebraten wurden, das restliche Öl geben und die Zwiebel darin anschwitzen. Die Zucchini hinzufügen und leicht salzen. Einige Minuten später den Reis zugeben und ca. 2 Minuten mitrösten.

Den heißen Fond unter Rühren in kleinen Mengen, ca. jeweils 1 Schöpfkelle, zugießen. Erst wenn der Reis die Flüssigkeit vollständig aufgenommen hat, erneut Fond zugeben. Nach ca. 15 bis 20 Minuten sollte der Reis gar, aber noch bissfest sein.

Den Reis von der Herdplatte nehmen und mit Pfeffer und Salz abschmecken.

Die Garnelen, das Olivenöl und die Petersilie untermischen und sofort servieren.

Weißweinrisotto mit Calamaretti

- 30 ml Olivenöl
- 1 weiße Zwiebel, in feine Würfel geschnitten
- 200 g Arborio oder anderer Risottoreis
- 100 ml trockener Weißwein
- 750 ml Geflügelfond
- 70 g Butter
- 50 g Parmesan, gerieben
- Meersalz
- Saft von 1 1/2 Zitronen
- Weißer Pfeffer aus der Mühle
- 300 g Calamaretti, küchenfertig
- 1 EL Olivenöl
- 1 Knoblauchzehe, gehackt
- 1 Thymianzweig, gehackt
- 1 EL Petersilie, gehackt
- 2 EL Sahne, geschlagen

Zubereitungszeit:
ca. 30 Minuten

Das Olivenöl in einer Pfanne erhitzen und darin die Zwiebel glasig anschwitzen.

Den Risottoreis zugeben und farblos mitrösten. Alles mit Weißwein ablöschen und vollständig einkochen lassen. 1 Schöpfkelle heißen Fond zugießen. Wenn der Reis die Flüssigkeit aufgenommen hat, unter Rühren kleine Mengen Fond zugeben. Nach ca. 15 bis 20 Minuten sollte der Reis gar, aber noch bissfest und flüssig sein.

Am Ende der Garzeit die Butter und den Parmesan unterrühren. Mit dem Saft von 1 Zitrone, Salz und Pfeffer abschmecken.

Die Calamaretti in 2 mm dicke Ringe schneiden. Olivenöl in einer Pfanne erhitzen und darin die Calamaretti mit Knoblauch und Thymian scharf anbraten. Aus der Pfanne nehmen und auf Küchenpapier abtropfen lassen. Mit dem Saft von 1/2 Zitrone und Petersilie abschmecken.

Kurz vor dem Servieren die geschlagene Sahne unterheben. Den Risotto auf Teller geben und die Calamaretti darauf anrichten. Sofort servieren.

Mandelrisotto mit Estragon und Oktopus

- 400 g Oktopus, küchenfertig
- 2 EL Weißweinessig
- 1 Lorbeerblatt
- 1/2 TL Meersalz
- 2 EL Olivenöl
- 350 g Risottoreis Carnaroli
- 1 weiße Zwiebel
- 1/4 l trockener Weißwein
- 1 l Gemüsefond
- 1 EL frischer Estragon, gehackt
- 100 g geröstete Mandelplättchen
- 2 EL Butter
- 2 EL Parmesan, gerieben
- Salz, schwarzer Pfeffer

Zubereitungszeit:
ca. 1 1/2 Stunden

Den geputzten Oktopus im Ganzen mit dem Essig und dem Lorbeerblatt in einen Topf geben und mit Wasser auffüllen, sodass der Oktopus mit Wasser bedeckt ist. Das Meersalz zugeben und alles aufkochen lassen. Die Hitze reduzieren und den Oktopus ca. 1 Stunde sanft weich köcheln.

2 EL Olivenöl in einem Topf erhitzen. Darin den Reis 2 Minuten farblos anrösten.

Die Zwiebel schälen, in kleine Würfel schneiden und mit dem Reis anschwitzen.

Mit Weißwein ablöschen und 1 Schöpfkelle des heißen Fonds zugießen. Wenn der Reis die Flüssigkeit vollständig aufgenommen hat, unter Rühren kleine Mengen Fond zugeben. Nach ca. 15 bis 20 MInuten sollte der Reis gar, aber noch bissfest sein.

Den Oktopus in grobe Stücke schneiden. Den Estragon, die gerösteten Mandeln und die Oktopusstücke unter den RIsotto mischen. Mit Butter, Salz, Pfeffer und nach Belieben mit geriebenem Parmesan verfeinern. Sofort servieren.

Artischocken-Rucola-Risotto mit Vongole

400 g frische Artischocken
4 EL Olivenöl
1 Zitrone
1 kg Vongole (Venusmuscheln)
Salz, schwarzer Pfeffer
350 g Risottoreis Carnaroli
1 weiße Zwiebel
1/4 l trockener Weißwein
1 l Gemüsefond
2 EL Butter
2 EL Parmesan, gerieben
Eine Handvoll Rucola

Zubereitungszeit:
ca. 40 Minuten

Die Artischocken putzen und vierteln. Die Viertel in einer Pfanne mit 2 EL Olivenöl anbraten und den Saft der Zitrone zufügen.

Die Vongole dazugeben und zugedeckt 10 Minuten köcheln lassen. Mit Salz und Pfeffer abschmecken.

2 EL Olivenöl in einem Topf erhitzen. Darin den Reis 3 Minuten farblos anrösten. Die Zwiebel schälen, in kleine Würfel schneiden und mit dem Reis anschwitzen.

Mit Weißwein ablöschen und 1 Schöpfkelle heißen Fond zugießen. Wenn der Reis die Flüssigkeit vollständig aufgenommen hat, unter ständigem Rühren kleine Mengen Fond zugeben.

Wenn der Reis nach ca. 15 bis 20 Minuten fertig gegart ist, aber noch Biss hat, die Vongole und die Artischocken untermischen. Die kalte Butter, den Parmesan und den Rucola einrühren. Sofort servieren.

Tomaten-Tintenfischrisotto

4 EL Olivenöl extra vergine
1 Knoblauchzehe, fein gehackt
1 Zwiebel, fein gehackt
350 g Tintenfischtuben, gewaschen und in Streifen geschnitten
300 g Eiertomaten, ohne Kerne und gehackt (Dose)
2 TL frischer Majoran, gehackt
Salz, schwarzer Pfeffer
300 g Risottoreis Carnaroli (wahlweise Vialone Nano oder Arborio)
1 l Fisch- oder Gemüsefond
2 bis 3 EL Petersilie, fein gehackt

Zubereitungszeit:
ca. 50 Minuten

Die Hälfte des Olivenöls in einen Topf geben und darin den Knoblauch mit der Hälfte der Zwiebel glasig anschwitzen.

Den Tintenfisch zugeben und zugedeckt 10 Minuten gar ziehen lassen.

Dann die Tomaten und den Majoran hinzufügen, mit Salz und Pfeffer abschmecken und zugedeckt weitere 10 Minuten garen.

In einem anderen Topf das restliche Öl erhitzen, den Rest der Zwiebel darin glasig dünsten und den Reis einrühren.

Den heißen Fond unter Rühren in kleinen Mengen, ca. jeweils 1 Schöpfkelle, zugießen. Erst wenn der Reis die Flüssigkeit vollständig aufgenommen hat, erneut Fond zugeben.

Nach 15 Minuten, kurz bevor der Reis bissfest gegart ist, den Tintenfisch mit der Petersilie zugeben und einige Minuten ziehen lassen. Mit Salz und Pfeffer abschmecken. Dann sofort servieren.

Schwarzer Tintenfischrisotto

- 2 EL Olivenöl extra vergine
- 1 Knoblauchzehe, fein gehackt
- 1 kleine Zwiebel, fein gehackt
- 2 EL Petersilie, fein gehackt
- 500 g kleine Tintenfische (Sepien), gesäubert und in Streifen geschnitten (Tintenbeutel unversehrt lassen)
- 100 ml trockener Weißwein
- 250 g Risottoreis Vialone Nano (wahlweise Carnaroli oder Arborio)
- 3/4 l klarer Fischfond
- Salz, schwarzer Pfeffer

Zubereitungszeit:
ca. 40 Minuten

Das Olivenöl in einem großen Topf erhitzen und den Knoblauch und die Zwiebel darin anschwitzen.

Die Petersilie und den Tintenfisch zugeben, kurz mitdünsten und mit Weißwein ablöschen. 2 Tintenbeutel überaus vorsichtig öffnen (zwischen zwei Löffeln zerdrücken) und die Tinte zum Tintenfisch geben.

Nach 10 Minuten den Reis einrühren und kurz ziehen lassen. Dann nach und nach den heißen Fond in kleinen Mengen, ca. jeweils 1 Schöpfkelle, zugießen. Erst wenn der Reis die Flüssigkeit vollständig aufgenommen hat, erneut Fond zugeben. Nach 15 bis 20 Minuten sollte der Reis »all'onda«, flüssig, sein.

Mit Salz und Pfeffer abschmecken und servieren.

Tipp: Zum Schluss reichlich frisch gehackte Petersilie untermengen.

Venezianischer Muschelrisotto

1,5 kg Muscheln in den Schalen
100 ml trockener Weißwein
5 bis 6 Petersilienstängel
1 l Fisch- oder klarer Geflügelfond
Salz, schwarzer Pfeffer
3 EL Olivenöl extra vergine
60 g Butter
1 kleine Zwiebel, fein gehackt
2 Knoblauchzehen, zerdrückt
1 getrocknete Chilischote
300 g Risottoreis Vialone Nano (wahlweise Carnaroli oder Arborio)
1 EL Petersilie, fein gehackt
Sehr gutes Olivenöl zum Beträufeln

Zubereitungszeit:
ca. 50 Minuten

Die Muscheln unter fließendem Wasser abbürsten, den Bart entfernen und alle bereits geöffneten aussortieren.

Die Muscheln mit etwas Wasser, dem Weißwein und den ganzen Petersilienstängeln in einen Kochtopf geben und zugedeckt garen, bis sie sich öffnen. Ungeöffnete wegwerfen. Die Muscheln in einem Sieb abtropfen lassen und einige Muschelhälften mit dem Fleisch zum Garnieren aufbewahren. Die restlichen auslösen und klein schneiden. Den Muschelsud durch ein mit Baumwollstoff ausgelegtes Sieb filtern.

Den heißen Fond zu dem Muschelsud gießen, mit Salz und Pfeffer abschmecken.

Das Öl und die Hälfte der Butter erhitzen und darin die Zwiebel, den Knoblauch und die Chilischote goldgelb anschwitzen. Die Chilischote und den Knoblauch danach aus der Pfanne entfernen.

Nun den Reis zu den Zwiebeln geben und 2 Minuten farblos mitrösten. Den heißen Fond unter ständigem Rühren in kleinen Mengen, ca. jeweils 1 Schöpfkelle, zugießen.

Erst wenn der Reis die Flüssigkeit vollständig aufgenommen hat, erneut Fond zugeben. Nach ca. 15 bis 20 Minuten sollte der Reis gar, aber noch bissfest sein.

Die gehackte Petersilie, die restliche kalte Butter und das Muschelfleisch in den Reis rühren. Mit schwarzem Pfeffer aus der Mühle bestreuen und mit den Muschelhälften garnieren. Nach Belieben mit gutem Olivenöl beträufeln und sofort servieren.

Sizilianischer Engelsreis

500 g Miesmuscheln mit den Schalen (italienisch »cozze«)
2 El Olivenöl extra vergine
2 Knoblauchzehen, gehackt
1 kleine getrocknete Chilischote
200 g rohe Garnelen, geschält und ohne Darm
200 g kleine Tintenfische, gesäubert und in Ringe geschnitten
Salz
3 EL trockener Weißwein
300 g Risottoreis Carnaroli (wahlweise Vialone Nano oder Arborio)
1 EL Petersilie, gehackt

Zubereitungszeit:
ca. 40 Minuten

Die Muscheln unter fließendem Wasser abbürsten, den Bart entfernen. Offene Muscheln wegwerfen. Den Rest mit etwas Wasser in einen Topf geben und zugedeckt aufkochen, bis sie sich öffnen. Nicht geöffneten Muscheln aussortieren. Das Muschelfleisch aus den Schalen lösen und den Sud durch ein mit Baumwollstoff ausgekleidetes Sieb filtern.

Das Olivenöl in einer Pfanne erhitzen und darin den Knoblauch und die Chili anschwitzen. Die Garnelen und Tintenfische hinzufügen und bei geringer Hitze weich garen.

Mit Salz bestreuen und mit Weißwein ablöschen und verkochen lassen. Die Herdplatte ausschalten und die Chili entfernen.

Den Muschelsud mit Wasser in einen Topf geben und aufkochen. Je salziger der Sud ist, desto mehr Wasser muss zugegeben werden. Den Reis zugeben und ohne Deckel 20 Minuten langsam »al dente« garen.

Das Reiswasser abgießen. Die Petersilie, das Muschelfleisch, Garnelen und Tintenfische in den Reis rühren. Sofort servieren.

Risotto mit Champagneraustern

20 Austern in der Schale
4 EL Rucola, zerkleinert
2 rote Tomaten, geschält, entkernt und fein gehackt
200 ml Champagner
2 EL Olivenöl extra vergine
350 g Risottoreis Carnaroli (wahlweise Vialone Nano oder Arborio)
1 l klarer Fischfond
Salz, schwarzer Pfeffer

Zubereitungszeit:
ca. 30 Minuten

Das Austernfleisch aus der Schale lösen und mit der Flüssigkeit in eine Schüssel geben.

Das Muschelfleisch mit dem Rucola, den Tomaten und der Hälfte des Champagners verrühren.

Das Öl in einem großen Topf erhitzen, den Reis einrieseln lassen und 3 Minuten farblos anschwitzen. Mit der anderen Hälfte des Champagners ablöschen. Den heißen Fond unter Rühren in kleinen Mengen, ca. jeweils 1 Schöpfkelle, zugießen. Erst wenn der Reis die Flüssigkeit vollständig aufgenommen hat, erneut Fond zugeben. Nach 15 bis 20 Minuten sollte der Reis gar, aber bissfest sein.

Dann von der Herdplatte nehmen und die Austernmischung einrühren. Mit Salz und Pfeffer abschmecken und mit einem Glas Champagner servieren!

Hummerrisotto

200 ml trockener Weißwein
1 Karotte und 1 kleine Stange Lauch, grob geschnitten
4 Pfefferkörner
1 kleiner Hummer, lebend
3 EL Olivenöl extra vergine
1 Zwiebel, in feine Scheiben geschnitten
300 g Risottoreis Carnaroli (wahlweise Vialone Nano oder Arborio)
4 EL frische Tomatensauce
1 EL frische Petersilie, fein gehackt
Salz, schwarzer Pfeffer
Saft von 1/2 Zitrone

Zubereitungszeit:
ca. 1 Stunde

In einem großen Topf 1,5 l Salzwasser zum Kochen bringen und die Hälfte des Weines, die Karotte, den Lauch und die Pfefferkörner zugeben und 15 Minuten kochen lassen.

Den Hummer in den kochenden Sud geben und weitere 15 Minuten garen. Den dabei entstandenen Fond durch ein Sieb abgießen und beiseitestellen.

Den Hummer abkühlen lassen, das Fleisch aus dem Panzer und den geknackten Scheren lösen und klein schneiden. Den Hummerschwanz in Scheiben schneiden und beiseitestellen.

Jetzt 2 EL Olivenöl in einen Topf geben und die Zwiebel darin anschwitzen. Den Reis einrühren und 3 Minuten farblos mitrösten. Mit dem restlichen Wein und der Tomatensauce aufgießen.

Den heißen Hummerfond unter Rühren in kleinen Mengen, ca. jeweils 1 Schöpfkelle, zugießen. Erst wenn der Reis die Flüssigkeit vollständig aufgenommen hat, erneut Fond zugeben. Nach ca. 15 bis 20 Minuten sollte der Reis gar, aber bissfest sein. Den Topf von der Herdplatte nehmen. Das zerkleinerte Hummerfleisch und die Hälfte der Petersilie einrühren. Mit Salz und Pfeffer abschmecken Das restliche Öl erhitzen und darin die Hummerscheiben mit der restlichen Petersilie kurz anbraten. Mit Salz und Pfeffer abschmecken.

Das Hummerfleisch auf dem Risotto anrichten und mit Zitronensaft beträufeln.

Zitronenrisotto mit Mascarpone und Hummer

2 EL Olivenöl
350 g Risottoreis Carnaroli
1 weiße Zwiebel
1/4 l trockener Weißwein
1 l Gemüsefond
1 bis 2 unbehandelte Zitronen
500 g gegartes Hummerfleisch, ausgelöst
2 EL Butter
2 EL Parmesan, gerieben
Salz, Pfeffer
4 EL Mascarpone

Zubereitungszeit:
ca. 40 Minuten

2 EL Olivenöl in einem Topf erhitzen. Darin den Risottoreis 2 Minuten farblos anrösten.

Die Zwiebel schälen, in kleine Würfel schneiden und mit dem Reis anschwitzen. Mit Weißwein ablöschen und 1 Schöpfkelle heißen Fond zugießen. Wenn der Reis die Flüssigkeit aufgenommen hat, unter Rühren kleine Mengen Fond zugeben. Nach ca. 15 bis 20 Minuten sollte der Reis gar, aber noch bissfest sein.

Die Zitronen schälen, die Schale sehr fein hacken und den Saft auspressen. Beides unter den Reis mischen.

Das Hummerfleisch in grobe Würfel schneiden und hinzufügen. Die kalte Butter und nach Belieben den geriebenen Parmesan einrühren. Mit etwas Salz und Pfeffer abschmecken.

Den Risotto auf Teller verteilen und mit jeweils 1 EL Mascarpone anrichten. Sofort servieren.

Fischerrisotto mit Lagunenfisch

- 2 EL Olivenöl extra vergine
- 80 g Butter
- 1 kleine Zwiebel, fein gehackt
- 1 Knoblauchzehe, gehackt
- 500 g kleine, ganze, magere Fische zum Auskochen (erhältlich beim Fischhändler)
- Salz, schwarzer Pfeffer
- 300 g Risottoreis Vialone Nano (wahlweise Carnaroli oder Arborio)
- 150 ml trockener Weißwein
- 3 EL frische Petersilie, gehackt
- 50 g Parmesan, gerieben

Zubereitungszeit:
ca. 50 Minuten

Das Öl und die Hälfte der Butter in einem großen Topf erhitzen und darin die Zwiebel und den Knoblauch anschwitzen.

Die Fische im Ganzen hinzufügen, mit Salz und Pfeffer würzen und 2 Minuten von jeder Seite anbraten. Mit ca. 250 ml kaltem Wasser aufgießen, und zugedeckt 15 Minuten köcheln lassen. Die Fische herausnehmen, enthäuten, Hauptgräte entfernen und pürieren. Ist die Masse zu trocken, etwas Sud zufügen. Das Püree kann bis zum weiteren Gebrauch im Kühlschrank aufbewahrt werden.

Für den Risotto Wasser aufkochen. Die restliche Butter in einem anderen Topf erhitzen und etwas Fischpüree kurz anbraten. Den Reis einrühren und kurz anschwitzen.

Alles mit Weißwein ablöschen und unter Rühren das restliche Fischpüree zugeben.

Wenn der Reis die gesamte Flüssigkeit aufgenommen hat, so lange kochendes Wasser zugießen, bis der Reis gar, aber bissfest ist. Den Topf vom Herd nehmen, mit Salz, Pfeffer und Petersilie abschmecken. Den Parmesan separat reichen.

Erbsenschotenrisotto mit Ziegenfrischkäse und Saiblingfilet

2 EL Olivenöl
350 g Risottoreis Carnaroli
1 weiße Zwiebel
1/4 l Weißwein
1 l Gemüsefond
150 g Erbsenschoten
300 g Ziegenfrischkäse
2 EL Butter
2 EL Parmesan, gerieben
Salz, Pfeffer
Olivenöl
4 Saiblingfilets à 140 g

Zubereitungszeit:
ca. 35 Minuten

2 EL Olivenöl in einem Topf erhitzen. Darin den Risottoreis 2 Minuten farblos anrösten.

Die Zwiebel schälen, in kleine Würfel schneiden und mit dem Reis anschwitzen.

Mit Weißwein ablöschen und 1 Schöpfkelle heißen Fond zugießen. Wenn der Reis die Flüssigkeit aufgenommen hat, unter Rühren kleine Mengen Fond zugeben. Nach ca. 15 bis 20 Minuten sollte der Reis gar, aber noch bissfest sein. 2 Minuten vor Ende der Garzeit, die Erbsenschoten in feine Streifen schneiden und in den Risotto geben.

Den Frischkäse vorsichtig unterheben. Die Butter und den geriebenen Parmesan einrühren. Mit Salz und Pfeffer abschmecken und warm stellen.

Die Saiblingfilets mit Salz und Pfeffer würzen. In einer Pfanne Olivenöl erhitzen und den Fisch zunächst auf der Hautseite bei mittlerer Hitze ca. 3 Minuten anbraten. Die Pfanne vom Herd nehmen, den Fisch wenden und 2 Minuten nachziehen lassen. Den Risotto auf Teller geben und die Saiblingfilets darauf anrichten.

Risotto mit Zweierlei vom Spargel und Lachs

500 g weißer Spargel
300 g grüner Spargel
3 EL Olivenöl
200 g Risottoreis Carnaroli
100 ml trockener Weißwein
2 EL Butter
90 g Parmesan, gerieben
Salz, schwarzer Pfeffer
4 Lachsfilets à 120 g, küchenfertig

Zubereitungszeit:
ca. 45 Minuten

Den weißen Spargel waschen und schälen. Die harten Enden abschneiden und mit den Schalen in 700 ml kochendem Salzwasser bissfest kochen. Aus dem Topf nehmen und in Stücke schneiden. Den Spargelfond durch ein Sieb abgießen und beiseitestellen.

Den grünen Spargel schälen und in kleine Stücke schneiden. In Salzwasser ca. 10 Minuten weich kochen. Anschließend pürieren.

1 EL Olivenöl in einem anderen Topf erhitzen und darin den Reis farblos anrösten. Mit dem Weißwein ablöschen und den weißen Spargel zugeben. 1 Schöpfkelle heißen Spargelfond zugießen. Wenn der Reis die Flüssigkeit aufgenommen hat, unter Rühren kleine Mengen Fond zugeben. Nach ca. 20 Minuten sollte der Reis gar, aber bissfest sein. Den Topf von der Platte nehmen und das grüne Spargelpüree, Butter und Parmesan einrühren. Mit Salz und Pfeffer abschmecken.

2 EL Olivenöl in einer Pfanne erhitzen und die Lachsfilets salzen und von beiden Seiten jeweils ca. 2 Minuten anbraten. Die Lachsfilets auf dem Risotto anrichten.

Lachs in der schwarzen Oliven-Risottokruste

4 EL Olivenöl
200 g Risottoreis Carnaroli
1/2 weiße Zwiebel
1/4 l trockener Weißwein
1/2 l Fischfond
100 g schwarze Oliven, entsteint
2 EL Butter
2 EL Parmesan, gerieben
Salz, schwarzer Pfeffer
4 Lachsfilets à 150 g

Zubereitungszeit:
ca. 35 Minuten

2 EL Olivenöl in einem Topf erhitzen. Darin den Risottoreis 2 Minuten farblos anrösten. Die Zwiebel schälen, in kleine Würfel schneiden und mit dem Reis anschwitzen.

Mit Weißwein ablöschen und 1 Schöpfkelle heißen Fischfond zugießen. Wenn der Reis die Flüssigkeit vollständig aufgenommen hat, unter Rühren kleine Mengen Fond zugeben. Nach ca. 15 bis 20 Minuten sollte der Reis gar, aber noch bissfest sein, da er beim Gratinieren noch nachzieht.

Die Oliven klein schneiden und untermischen. Die Butter und den geriebenen Parmesan einrühren. Mit Salz und Pfeffer abschmecken.

Die Lachsfilets salzen und in einer ofenfesten Pfanne in dem restlichen Olivenöl auf der Hautseite scharf anbraten. Den Risotto auf dem Lachs verteilen und im auf 200 °C vorgeheizten Backofen gratinieren.

Aus dem Rohr nehmen, portionsweise auf Teller anrichten und heiß servieren.

Rote-Bete-Risotto mit Zander und Pumpernickel

400 g frische Rote Bete
2 EL Rotweinessig
1 EL ganzer Kümmel
4 EL Olivenöl
350 g Risottoreis Carnaroli
1 weiße Zwiebel
1/4 l Weißwein
1 l Gemüsefond
2 EL Butter
2 EL Parmesan, gerieben
Salz, schwarzer Pfeffer
4 Zanderfilets à 130 g
3 EL Pumpernickel, klein gehackt

Zubereitungszeit:
ca. 1 Stunde

Die rohe Rote Bete in ca. 2 × 2 cm große Würfel schneiden und in Salzwasser mit Essig und Kümmel weich kochen.

2 EL Olivenöl in einem Topf erhitzen. Darin den Reis 2 Minuten farblos anrösten. Die Zwiebel schälen, in kleine Würfel schneiden und mit dem Reis anschwitzen.

Mit Weißwein ablöschen und 1 Schöpfkelle des heißen Fonds zugießen. Wenn der Reis die Flüssigkeit aufgenommen hat, unter Rühren kleine Mengen Fond zugeben. Nach ca. 15 bis 20 Minuten sollte der Reis gar, aber noch bissfest sein.

Die Rote Bete mit dem Reis vermischen. 2 EL kalte Butter und den Parmesan untermengen. Mit Salz und Pfeffer abschmecken.

Die Zanderfilets salzen und auf der Hautseite mit dem restlichen Olivenöl bei mittlerer Hitze kross anbraten. Die Pfanne vom Herd nehmen, den Fisch wenden und nachziehen lassen.

Den Risotto auf Teller geben und mit dem Zander und den in 1 EL Butter angerösteten

Schwarzer Risotto mit Steinbutt und Rieslingschaum

4 EL Olivenöl
350 g Risottoreis Carnaroli
1 weiße Zwiebel
1/4 l Weißwein
1 l Gemüsefond
2 Tütchen Tintenfischtinte (erhältlich beim Fischhändler oder im Feinkostgeschäft)
1/4 l Riesling
125 ml Gemüsefond für den Rieslingschaum
1/4 l Sahne
Salz, Pfeffer
500 g Steinbuttfilet
2 EL Butter

Zubereitungszeit:
ca. 30 Minuten

2 EL Olivenöl in einem Topf erhitzen. Darin den Risottoreis ca. 3 Minuten farblos anrösten. Die Zwiebel schälen, in kleine Würfel schneiden und mit dem Reis anschwitzen.

Mit Weißwein ablöschen und 1 Schöpfkelle heißen Fond zugießen. Die Tintenfischtinte einrühren. Wenn der Reis die Flüssigkeit vollständig aufgenommen hat, unter ständigem Rühren kleine Mengen Fond zugeben. Nach ca. 15 bis 20 Minuten sollte der Reis gar, aber noch bissfest sein.

Den Riesling mit 125 ml Gemüsefond in einem Topf aufkochen und auf die Hälfte reduzieren. Mit der Sahne aufgießen und nochmals etwas reduzieren lassen. Mit Salz und Pfeffer abschmecken.

Die Steinbuttfilets mit Salz würzen und in einer Pfanne mit 2 EL Olivenöl auf beiden Seiten ca. 1 Minute anbraten.

Den Risotto mit Butter verfeinern, mit Salz und Pfeffer abschmecken und darauf den Fisch anrichten. Die Rieslingsauce mit dem Pürierstab aufschäumen und über den Risotto geben. Sofort servieren.

Risotto mit Räucherlachs

50 g Butter
180 g Räucherlachs in Scheiben, in kleine Vierecke geschnitten
2 EL Olivenöl extra vergine
1 kleine Zwiebel, fein gehackt
300 g Risottoreis Vialone Nano (wahlweise Carnaroli oder Arborio)
100 ml trockener Weißwein
1 l Gemüsefond
Salz, schwarzer Pfeffer
2 EL Petersilie oder Dill, fein gehackt

Zubereitungszeit:
ca. 30 Minuten

Die Butter zerlassen, den Lachs zugeben und den Topf beiseite stellen.

In einem anderen Topf das Öl erhitzen und die Zwiebel darin glasig anschwitzen. Den Reis hinzufügen und kurz farblos mitrösten, dann mit Wein ablöschen.

Den heißen Fond unter ständigem Rühren in kleinen Mengen, ca. jeweils 1 Schöpfkelle, zugießen. Erst wenn der Reis die Flüssigkeit vollständig aufgenommen hat, erneut Fond zugeben. Nach ca. 15 bis 20 Minuten sollte der Reis gar, aber noch bissfest sein.

Den Räucherlachs mit der zerlassenen Butter unterrühren und mit Salz und Pfeffer abschmecken. Mit frischer Petersilie oder Dill garnieren und sofort servieren.

Grüner Risotto mit Räucheraal und Limette

2 EL Olivenöl
350 g Risottoreis Carnaroli
1 weiße Zwiebel
1/4 l trockener Weißwein
1 l Gemüsefond
200 g frischer Blattspinat
50 g Petersilie
100 g Butter
300 g Räucheraal
Saft und Schale von 1 unbehandelten Limette
2 EL Estragon, gehackt
Salz, schwarzer Pfeffer

Zubereitungszeit:
ca. 50 Minuten

2 EL Olivenöl in einem Topf erhitzen. Darin den Risottoreis 2 Minuten farblos anrösten.

Die Zwiebel schälen, würfeln und mit dem Reis anschwitzen.

Mit Weißwein ablöschen und 1 Schöpfkelle heißen Fond zugießen. Wenn der Reis die Flüssigkeit vollständig aufgenommen hat, unter ständigem Rühren kleine Mengen Fond zugeben.

Den Spinat und die gezupfte Petersilie waschen. Den Spinat in kochendem Salzwasser kurz blanchieren und sofort mit Eiswasser abschrecken.

Die Butter in einem kleinen Topf bei niedriger Hitze zerlassen. Mit der Küchenmaschine den Spinat und die Petersilie mit der lauwarmen Butter zu einer Paste mixen.

Den Räucheraal in grobe Würfel schneiden und unter den noch bissfesten Risotto mischen. Die Spinatmischung einrühren.

Den Saft und die gehackte Schale der Limette mit dem Estragon zum Risotto geben. Mit Salz und Pfeffer abschmecken und heiß servieren.

Risotto al Tonno

2 EL Olivenöl extra vergine
1 Zwiebel, fein gehackt
1 Knoblauchzehe, fein gehackt
300 g Risottoreis Carnaroli (wahlweise Vialone Nano oder Arborio)
150 g italienische Eiertomaten, gehackt (Konserve)
Salz, schwarzer Pfeffer
1,2 l klarer Geflügelfond
100 g Thunfisch in Öl (Konserve), abgetropft und zerkleinert
4 EL Minzeblätter, gehackt
1 kleine Chilischote

Zubereitungszeit:
ca. 30 Minuten

Das Olivenöl in einem großen Topf erhitzen und darin die Zwiebel mit dem Knoblauch anschwitzen. Den Reis einrühren und 2 Minuten farblos mitrösten. Die Tomaten hinzufügen. Mit Salz und Pfeffer abschmecken.

Den heißen Fond unter ständigem Rühren in kleinen Mengen, ca. jeweils 1 Schöpfkelle, zugießen. Erst wenn der Reis die Flüssigkeit vollständig aufgenommen hat, erneut Fond zugeben. Nach 15 bis 20 Minuten sollte der Reis gar sein, aber noch Biss haben.

Dann den Kochtopf von der Herdplatte nehmen und den Thunfisch und die gehackte Minze unterrühren. Mit Salz und Pfeffer abschmecken. Nach Belieben, für mehr Schärfe, eine kleine gehackte Chilischote zugeben. Sofort servieren.

Kokosrisotto mit Steinbuttfilet

1 EL Olivenöl
1 Knoblauchzehe, gehackt
1 Frühlingszwiebel, in feine Würfel geschnitten
200 g Risottoreis Carnaroli
3/4 l Gemüsefond
80 g gesalzene Erdnusskerne
500 g Steinbuttfilet
2 EL Erdnussöl
1/2 EL frischer Ingwer, geschält und gehackt
1 Schalotte, in feine Würfel geschnitten
1 Chilischote, entkernt und gehackt
1 Dose Kokosmilch (ca. 330 ml)
Meersalz, Pfeffer
Saft von 1/2 Limette

Zubereitungszeit:
ca. 40 Minuten

In einem Topf 1 EL Olivenöl erhitzen und darin den Knoblauch und die Frühlingszwiebel glasig anschwitzen. Den Reis zugeben und kurz mit anschwitzen. 1 Schöpfkelle heißen Fond zugießen. Wenn der Reis die Flüssigkeit aufgenommen hat, unter Rühren kleine Mengen Fond zugeben. Nach 15 bis 20 Minuten sollte der Reis gar, aber bissfest sein.

Die Erdnüsse in einem Mörser zerstoßen.

Die Steinbuttfilets in 12 ca. gleich große Stücke schneiden. In einer Pfanne 1 EL Erdnussöl erhitzen und die Filets bei mittlerer Hitze auf beiden Seiten ca. jeweils 1 Minute anbraten. Anschließend mit Salz und Pfeffer würzen.

In einer anderen Pfanne Ingwer, Schalotte und Chili in 1 EL Erdnussöl anschwitzen. Die Erdnüsse zugeben. Die Kokosmilch aufgießen und alles ca. 3 Minuten bei geringer Hitze ziehen lassen.

Den Risotto mit Salz, Pfeffer und Limettensaft abschmecken, auf Teller geben und den Steinbutt darauf anrichten. Mit Erdnusssauce beträufeln.

Risotto vom Thaispargel mit Garnelen und Kreuzkümmel

2 EL Olivenöl
350 g Risottoreis Carnaroli
1 Frühlingszwiebel
1/4 l trockener Weißwein
1 l Gemüsefond
1 EL Kreuzkümmel
Saft von 1 Limette
12 rohe Garnelen
200 g Thaispargel
1 EL Butter
Salz, Pfeffer
1/8 l Kokosmilch

Zubereitungszeit:
ca. 40 Minuten

2 EL Olivenöl in einem Topf erhitzen. Darin den Risottoreis 2 Minuten farblos anrösten.

Die Frühlingszwiebel klein schneiden und mit dem Reis anschwitzen.

Mit Weißwein ablöschen und 1 Schöpfkelle des heißen Fonds zugießen. Wenn der Reis die Flüssigkeit vollständig aufgenommen hat, unter Rühren kleine Mengen Fond zugeben. Kurz vor Ende der Garzeit den Kreuzkümmel und den Saft der Limette unterrühren. Nach 15 bis 20 Minuten sollte der Reis gar, aber noch bissfest sein.

Die Garnelen schälen, den Darm entfernen und säubern. Den Thaispargel in grobe Stücke schneien.

In einer Pfanne 1 EL Butter erhitzen und darin die Garnelen anbraten. Mit Salz und Pfeffer würzen und unter den Risotto mischen. In derselben Pfanne den Thaispargel anbraten, mit Kokosmilch ablöschen.

Den Spargel in den Risotto rühren, mit Salz und Pfeffer abschmecken und servieren.

Grüner Curryrisotto mit geräucherten Chili-Jakobsmuscheln

12 Jakobsmuscheln
8 Chilis, gehackt
Buchenholzspäne
2 EL Olivenöl
350 g Risottoreis Carnaroli
1 weiße Zwiebel
150 ml Weißwein
1 l Gemüsefond
2 EL grüne Currypaste
2 EL Sesamöl
Salz, Pfeffer
2 EL Butter
2 EL frischer Koriander, gehackt
2 Fleischtomaten, geschält und in Würfel geschnitten

Zubereitungszeit:
ca. 40 Minuten für das Räuchern / ca. 30 Minuten für den Risotto

Die Jakobsmuscheln über 8 gehackten Chilis und Buchenholzspänen in einem kleinen Räucherofen (erhältlich im Anglerbedarf) 40 Minuten kalt räuchern.

2 EL Olivenöl in einem Topf erhitzen und darin den Risottoreis ca. 2 Minuten farblos anrösten. Die Zwiebel schälen, in kleine Würfel schneiden und zusammen mit dem Reis anschwitzen.

Mit Weißwein ablöschen und 1 Schöpfkelle des heißen Fonds zugießen. Wenn der Reis die Flüssigkeit vollständig aufgenommen hat, unter Rühren kleine Mengen Fond zugeben. Die Currypaste einrühren. Nach 15 bis 20 Minuten sollte der Reis gar, aber noch bissfest sein.

Die Jakobsmuscheln in Sesamöl auf beiden Seiten kurz anbraten und mit Salz und Pfeffer würzen.

Die kalte Butter und den gehackten Koriander in den Risotto rühren, mit Salz und Pfeffer abschmecken und die Jakobsmuscheln darauf anrichten. Mit Tomatenwürfeln garnieren und servieren.

Vanillerisotto mit Kaisergranat und scharfen Paprika

2 EL Olivenöl
350 g Risottoreis Carnaroli
1 weiße Zwiebel
1/4 l trockener Weißwein
1 l Geflügelfond
1/2 Vanilleschote
550 g ausgelöster
Kaisergranat (Scampo)
5 EL Butter
1 Knoblauchzehe
1 EL scharfes Paprikapulver
1 Chilischote
2 cl Cognac
Salz, Pfeffer
1 rote Paprikaschote
1/2 Limette

Zubereitungszeit:
ca. 30 Minuten

2 EL Olivenöl in einem Topf erhitzen. Darin den Risottoreis 3 Minuten farblos anrösten.

Die Zwiebel schälen, würfeln und mit dem Reis anschwitzen. Mit Weißwein ablöschen und 1 Schöpfkelle des heißen Fonds zugießen. Wenn der Reis die Flüssigkeit vollständig aufgenommen hat, unter Rühren kleine Mengen Fond zugeben. Die Vanilleschote halbieren, das Mark auskratzen und ca. 2 Minuten vor Ende der Garzeit zum Reis geben. Nach 15 bis 20 Minuten sollte der Reis gar, aber noch bissfest sein.

Die Kaisergranatstücke in einer Pfanne in 2 EL Butter anschwitzen. Die Knoblauchzehe schälen, fein hacken und mitdünsten.

Das Paprikapulver und die entkernte und fein gehackte Chili unterrühren und sofort mit Cognac ablöschen. Mit Salz und Pfeffer abschmecken. Das Kaisergranatfleisch zum Risotto geben.

Die Paprika entkernen und würfeln. Mit dem Saft der 1/2 Limette in den Risotto rühren. Die restliche Butter unterrühren und sofort heiß servieren.

Fleisch & Geflügel

Risotto alla Milanese mit Ossobuco und Gremolata

100 g Butter oder
50 g Butter und 50 ml Sahne
1 Zwiebel, fein gehackt
50 g Markknochen (erhältlich beim Metzger)
300 g Risottoreis Carnaroli (wahlweise Vialone Nano oder Arborio)
100 ml trockener Weißwein
ca. 3/4 l Rinderfond
2 TL Safranfäden, in 1/2 Tasse warmem Fond eingeweicht
80 g Parmesan, gerieben
Schwarzer Pfeffer

Die Hälfte der Butter in einem großen Topf erhitzen und die Zwiebel darin glasig anschwitzen. Dann einen Markknochen hinzufügen. Den Reis dazugeben und 2 Minuten farblos mitrösten. Dann mit dem Wein ablöschen.

Den heißen Fond unter ständigem Rühren in kleinen Mengen, ca. jeweils 1 Schöpfkelle, zugießen. Erst wenn der Reis die Flüssigkeit vollständig aufgenommen hat, erneut Fond zugeben. Nach ca. 15 Minuten sollte der Reis gar, dabei aber locker und körnig sein.

Ungefähr 5 Minuten vor Ende der Garzeit des Risottos das Wasser mit den eingweichten Safranfäden zugeben.

Den Topf von der Herdplatte nehmen und die restliche Butter (oder Sahne) sowie die Hälfte des Parmesans einrühren.

Mit schwarzem Pfeffer bestreuen und sofort servieren. Den restlichen Parmesan separat dazu reichen.

Gremolata

1 EL Petersilie, fein gehackt
Schale von 1 unbehandelten Zitrone
2 Knoblauchzehen, ausgepresst oder 1 zerdrücktes Anchovisfilet

Ossobuco

30 g Butter
1 Zwiebel, fein gehackt
2 EL Olivenöl extra vergine
4 Beinscheiben vom Kalb, fein mit Mehl bestäubt
150 ml trockener Weißwein
4 Tomaten, geschält, entkernt und gehackt
Salz, schwarzer Pfeffer
1/4 bis 1/2 l Rinderfond

Zubereitungszeit:
ca. 30 Minuten für den Risotto / 1 3/4 Stunden für das Ossobuco

Für die Gremolata die Petersilie, die Zitronenschale und den Knoblauch (oder Anchovis) in eine Schüssel geben und alles zu einer Gremolata vermengen und beiseitestellen.

Die Butter in einen Topf geben und die Zwiebel darin glasig anschwitzen.

In einem anderen Topf das Öl erhitzen und das Fleisch darin von allen Seiten bräunen. Die Zwiebeln hinzufügen und alles mit Wein ablöschen.

Nach einigen Minuten die Tomaten zugeben, mit Salz und Pfeffer abschmecken und zugedeckt ca. 1 1/2 Stunden köcheln lassen. Hin und wieder einen Löffel des restlichen Fonds nachgießen, damit das Fleisch nicht anbrennt.

Vor dem Servieren die Fleischstücke auf dem Risotto anrichten und mit der Gremolata und dem Bratensaft beträufeln.

Risi e Bisi

80 g Butter
1 kleine Zwiebel, fein gehackt
50 g Pancetta oder Schinkenspeck, in kleine Würfel geschnitten
1 kg frische junge Erbsen mit Schoten (wahlweise 400 g tiefgefrorene Erbsen)
1 l klarer Rinderfond
300 g Risottoreis Vialone Nano (wahlweise Carnaroli oder Arborio)
50 g Parmesan, gerieben
Salz, schwarzer Pfeffer

Zubereitungszeit:
ca. 50 Minuten

Die Hälfte der Butter in einer großen Kasserolle zerlassen, die fein gehackte Zwiebel mit dem Speck anschwitzen. Nach einigen Minuten die geschälten Erbsen und 2 Schöpfkellen kochendes Wasser hinzufügen. Sind keine süßen jungen Erbsen vorrätig, etwas Zucker zugeben.

Zugedeckt 5 Minuten garen lassen, größere Erbsen entsprechend länger. Den heißen Fond angießen und erneut zum Kochen bringen. Den Reis hinzufügen und mitköcheln lassen, bis er gar ist. Gelegentlich umrühren und eventuell Flüssigkeit nachgießen.

Den fertig gegarten Reis mit dem Rest der Butter und geriebenem Käse mischen. Mit Salz und schwarzem Pfeffer abschmecken. Sofort servieren.

Basilikum-Parmesan-Risotto im Prosciuttomantel

2 EL Olivenöl
350 g Risottoreis Carnaroli
1 weiße Zwiebel
1/4 l Weißwein
1 l Geflügelfond
2 EL Butter
200 g Parmesan, gerieben
20 Basilikumblätter
200 g Prosciutto, in Scheiben

Zubereitungszeit:
ca. 40 Minuten

2 EL Olivenöl in einem Topf erhitzen. Darin den Risottoreis 2 Minuten farblos anrösten.

Die Zwiebel schälen, in kleine Würfel schneiden und mit dem Reis anschwitzen.

Mit Weißwein ablöschen und 1 Schöpfkelle des heißen Fonds zugießen. Wenn der Reis die Flüssigkeit vollständig aufgenommen hat, unter ständigem Rühren kleine Mengen Fond zugeben.

Wenn der Risottoreis nach ca. 15 Minuten noch bissfest und kernig ist, die kalte Butter und den Parmesan unterrühren. Basilikum klein schneiden und untermischen.

Die Hälfte der Prosciuttoscheiben in eine heiße Pfanne legen. Den Risotto gleichmäßig darauf verteilen und mit der anderen Hälfte der Prosciuttoscheiben belegen. Im vorgeheizten Backofen bei 220 °C ca. 10 Minuten braten.

Wenn der Prosciutto oben und unten knusprig ist, aus dem Ofen nehmen und heiß servieren.

Risotto mit Räucherspeck und Zwiebeln

30 g Butter
100 g geräucherter Speck, in Würfel geschnitten
1 große Zwiebel, gehackt
300 g Risottoreis Vialone Nano (wahlweise Carnaroli oder Arborio)
150 ml trockener Rotwein
3/4 l Geflügelfond
50 g Parmesan, gerieben
Schwarzer Pfeffer

Zubereitungszeit:
ca. 30 Minuten

Die Butter in einem großen Topf zerlassen und darin die Speckwürfel und die Zwiebeln goldgelb anschwitzen.

Dann den Reis hinzufügen und 2 Minuten farblos mitrösten, dann mit Wein ablöschen.

Den heißen Fond unter ständigem Rühren in kleinen Mengen, ca. jeweils 1 Schöpfkelle, zugießen. Erst wenn der Reis die Flüssigkeit vollständig aufgenommen hat, erneut Fond zugeben. Nach 15 bis 20 Minuten sollte der Reis gar, aber noch bissfest sein.

Den Topf von der Herdplatte nehmen und Parmesan und schwarzen Pfeffer aus der Mühle einrühren. Sofort servieren.

Speckgriebenrisotto mit Frühlingszwiebeln

2 Schalotten, in Würfel geschnitten
4 Frühlingszwiebeln, in Scheiben geschnitten
3 EL Olivenöl
350 g Risottoreis Arborio
100 ml trockener Weißwein
1,2 l Geflügelfond
1 EL Butter
2 EL Grana Padano, gerieben
200 g Speckgrieben
Salz, Pfeffer
Grüne Frühlingszwiebelringe zum Garnieren

Zubereitungszeit:
ca. 30 Minuten

Die Schalotten schälen und klein schneiden. Die Frühlingszwiebeln putzen und in Scheiben schneiden. Die grünen Teile in Ringe schneiden und beiseite legen.

In einem Topf 3 EL Olivenöl erhitzen und darin die Zwiebel und die Schalotten glasig anschwitzen.

Den Reis hinzufügen und kurz farblos mitrösten. Mit Weißwein ablöschen. 1 Schöpfkelle warmen Fond zugießen. Wenn der Reis die Flüssigkeit vollständig aufgenommen hat, unter ständigem Rühren kleine Mengen Fond zugeben. Nach ca. 15 bis 20 Minuten sollte der Reis gar, aber noch bissfest sein.

Den Topf vom Herd nehmen und die Butter und den Käse unterrühren. Die Hälfte der Speckgrieben untermischen.

Den Risotto in tiefen Tellern anrichten und mit den restlichen Speckgrieben und Frühlingszwiebelringen garnieren.

Risotto alla Bolognese

Für die Sauce
1 EL Pflanzenöl
1 kleine Zwiebel, gehackt
2 Stangen Sellerie, gehackt
2 Karotten, gehackt
250 g Hackfleisch vom Rind
Salz, frisch gemahlener schwarzer Pfeffer
150 ml Milch
1 Prise frisch geriebene Muskatnuss
1/4 l trockener Weißwein
500 g italienische Flaschentomaten aus der Dose, klein geschnitten, mit dem Saft

Für den Risotto
2 EL Olivenöl
300 g Risottoreis Arborio (wahlweise Carnaroli oder Vialone Nano)
1 l Rinder- oder Gemüsefond

Das Öl in einer großen Pfanne erhitzen. Darin die Zwiebel glasig anschwitzen. Dann den gehackten Sellerie und die Karotte zufügen und ein paar Minuten mit anbraten. Das Hackfleisch zu dem Gemüse geben und mit Salz und Pfeffer würzen. Unter Rühren anbraten, bis es krümelig wird. Die Milch einrühren und verdampfen lassen. Mit einer kleinen Prise Muskatnuss abschmecken. Den Wein zugießen und verkochen lassen.

Dann die Tomaten mit ihrem Saft zufügen und aufkochen lassen. Anschließend die Bolognesesauce bei geringer Hitze mindestens 3 Stunden unter gelegentlichem Umrühren köcheln. Bei Bedarf etwas Wasser zufügen, damit die Sauce nicht anbrennt. Mit Salz und Pfeffer abschmecken.

2 EL Olivenöl in einem Topf erhitzen. Den Reis zugeben und kurz farblos anrösten.

Den heißen Fond unter ständigem Rühren in kleinen Mengen, ca. jeweils 1 Schöpfkelle, zugießen. Erst wenn der Reis die Flüssigkeit aufgenommen hat, erneut Fond zugeben. Nach 10 Minuten die Bolognese einrühren.

1/2 EL Petersilie, gehackt
2 EL Parmesan, gerieben

Zubereitungszeit:
ca. 3 1/2 Stunden für die Sauce / 25 Minuten für den Risotto

Nach weiteren 10 Minuten sollte der Reis gar, aber noch bissfest sein.

Den Topf von der Herdplatte nehmen und die Petersilie und den Parmesan einrühren. Sofort heiß servieren und dazu zusätzlich geriebenen Parmesan reichen.

Hackfleischrisotto mit mediterranen Gewürzen und Barolo

30 g Butter
2 EL Pancetta, fein gehackt
1 TL Knoblauch, fein gehackt
1 TL Rosmarin, frisch gehackt
1 TL Salbei, frisch gehackt
80 g Hackfleisch vom Rind
Salz, schwarzer Pfeffer, frisch gemahlen
220 ml Barolo
300 g Risottoreis Vialone Nano oder anderer italienischer Risottoreis
0,8 l Rinderfond
4 EL Parmigiano Reggiano, frisch gerieben

Zubereitungszeit:
ca. 30 Minuten

10 g Butter in einer Pfanne zerlassen und darin Pancetta und Knoblauch hellgelb anschwitzen. Den Rosmarin und den Salbei zufügen. Dann das Hackfleisch dazugeben, gut verrühren und braun anbraten. Mit Salz und Pfeffer abschmecken.

Mit 150 ml Barolo ablöschen. Den Wein vollständig einkochen lassen, dann den Reis zufügen und mit anschwitzen. 1 Schöpfkelle des heißen Fonds zugießen. Wenn der Reis die Flüssigkeit vollständig aufgenommen hat, unter ständigem Rühren kleine Mengen Fond zugeben.

Nach etwa 15 bis 20 Minuten sollte der Reis gar, aber noch bissfest sein. Den restlichen Wein einrühren und den Topf von der Herdplatte nehmen. Die restliche Butter und den geriebenen Parmesan einrühren. Mit Salz und Pfeffer abschmecken.

Dazu weiteren geriebenen Parmesan separat reichen.

Panissa

100 g Borlottibohnen, getrocknet
100 g durchwachsener Speck
30 g Butter
2 Zwiebeln, fein gehackt
50 g frische weiche Salami oder andere italienische Rohwurst, in Scheiben geschnitten und zerdrückt
250 g Risottoreis Carnaroli (wahlweise Vialone Nano oder Arborio)
100 ml Barbera oder ein anderer trockener Rotwein
Schwarzer Pfeffer
1 l leichter Rinderfond

Zubereitungszeit:
1 Stunde Kochzeit für die Bohnen / 30 Minuten für den Risotto

Die Bohnen mindestens 12 Stunden in reichlich kaltem Wasser einweichen.

Dann die Bohnen mit der abgeschnittenen Speckschwarte in 500 ml Wasser ca. 1 Stunde weich kochen.

Den Speck in kleine Würfel schneiden und in einer Pfanne bräunen. Die Bohnen und die Wurst zufügen und kurz mitbraten.

Die Butter in einem großen Topf erhitzen, dann die Zwiebeln zugeben und glasig dünsten. Den Reis einrühren und farblos mitrösten. Nach 5 Minuten mit dem Wein ablöschen.

Dann den Reis mit etwas Pfeffer würzen und 500 ml heißen Fond aufgießen. 15 bis 20 Minuten unter ständigem Rühren garen lassen, bei Bedarf Fond nachgießen. Wenn der Reis die gesamte Flüssigkeit aufgenommen hat, sollte er gar, aber noch flüssig sein.

Am Ende die Bohnen-Wurstmischung unter den Reis rühren und sofort servieren.

Risotto mit Herbstgemüse und Salami

1/2 Kopf Wirsing
2 Tomaten
2 Karotten
2 EL Olivenöl
1 Stange Sellerie, in kleine Würfel geschnitten
1,2 l Gemüsefond
50 g Butter
1 Zwiebel, gehackt
100 g Schweinespeck, in Würfel geschnitten
100 g Salami, in Würfel geschnitten
300 g Risottoreis Arborio (wahlweise Vialone Nano oder Carnaroli)
200 ml trockener Rotwein
Salz, Pfeffer

Zubereitungszeit:
ca. 50 Minuten

Den Wirsing waschen, Strunk entfernen und in Streifen schneiden.

Die Tomaten kurz in kochendes Salzwasser geben. Dann häuten, die Kerne entfernen und in kleine Stücke schneiden.

Die Karotten zunächst schälen und raspeln. In einem großen Topf das Olivenöl erhitzen und darin die Karotten, die Selleriewürfel und den Wirsing anschwitzen. Mit etwas Gemüsefond aufgießen und alles weich kochen.

In einem anderen Topf die Butter zerlassen und die Zwiebel, die Speckwürfel und die Salamiwürfel anbraten.

Den Reis hinzufügen und kurz farblos mitrösten. Mit Rotwein ablöschen. 1 Schöpfkelle heißen Fond zugießen. Wenn der Reis die Flüssigkeit aufgenommen hat, unter ständigem Rühren kleine Mengen Fond zugeben.

Nach etwa 10 Minuten die Tomaten und das Wirsinggemüse einrühren. Nach weiteren 5 bis 10 Minuten sollte der Reis gar, aber noch bissfest sein. Mit Salz und Pfeffer abschmecken. Sofort servieren.

Hühnerrisotto nach lombardischer Art

1 kleines Huhn, mit Knochen
1 kleine Zwiebel, 1 Möhre und 1 Stange Sellerie, grob geschnitten
Salz, schwarzer Pfeffer
3 EL Olivenöl extra vergine
1 Zwiebel, in dünne Scheiben geschnitten
1/8 l trockener Weißwein
300 g Risottoreis Carnaroli (wahlweise Vialone Nano oder Arborio)
50 g kalte Butter
60 g Parmesan, gerieben

Zubereitungszeit:
ca. 70 Minuten für den Fond / ca. 40 Minuten für den Risotto

Das Huhn zerteilen. Die Brustfilets beiseitelegen und die Keulen von den Knochen befreien. Die anderen Teile für den Geflügelfond vom Fett befreien und mit den Knochen und dem zerkleinerten Gemüse in einen Topf geben. Mit Salz und Pfeffer würzen und mit 1,5 l Wasser aufgießen, aufkochen und ca. 1 Stunde köcheln lassen.

Die Brustfilets und die Keulen in kleine Stücke schneiden. Das Öl in einem Topf erhitzen und darin die Zwiebelscheiben anschwitzen. Die Hühnerteile zufügen und anbraten. Mit Salz und Pfeffer würzen und mit Wein ablöschen.

Die garen Hühnerteile warm stellen. Den Reis einrühren und ca. 2 Minuten mitrösten.

Den Fond durch ein Sieb abgießen, erhitzen und in kleinen Mengen, ca. jeweils 1 Schöpfkelle, zugießen. Erst wenn der Reis die Flüssigkeit aufgenommen hat, erneut Fond zugeben. Nach 10 Minuten das Fleisch zugeben. Nach weiteren 10 Minuten sollte der Reis gar sein. Die kalte Butter und den Parmesan unterrühren. Sofort servieren.

Truthahnrisotto

Truthahn
400 g Truthahnfleisch, roh und in mundgerechte Stücke geschnitten (oder 1 Keule und etwas Brustfilet)
1 Möhre, 1 Stange Sellerie und 1 Zwiebel, in grobe Stücke geschnitten
100 ml trockener Weißwein
3 Gewürznelken
1 Lorbeerblatt
Salz, schwarzer Pfeffer

Risotto
30 g Butter
1 Zwiebel, fein gehackt
300 g Risottoreis Carnaroli (wahlweise Vialone Nano oder Arborio)
60 g Parmesan, gerieben

Zubereitungszeit:
ca. 90 Minuten für den Fond / ca. 25 Minuten für den Risotto

2 l Wasser in einem großen Topf erhitzen. Das rohe Fleisch, grob zerkleinertes Gemüse, Weißwein, Gewürznelken, das Lorbeerblatt, Salz und Pfeffer zufügen, aufkochen und ca. 1 Stunde bei schwacher Hitze köcheln.

Das gegarte Fleisch mit einem Schaumlöffel in eine Terrine geben, mit dem Fond aufgießen und zugedeckt noch kurze Zeit ziehen lassen. Den restlichen Fond durch ein Sieb abgießen. Diese Vorbereitungen können bereits am Vortag gemacht werden.

Die Hälfte der Butter in einem großen Topf erhitzen und die Zwiebel anschwitzen. Den Reis unter ständigem Rühren hinzufügen.

Den heißen Fond unter Rühren in kleinen Mengen, ca. jeweils 1 Schöpfkelle, zugießen. Erst wenn der Reis die Flüssigkeit aufgenommen hat, erneut Fond zugeben. Nach 15 bis 20 Minuten sollte der Reis gar sein.

In einem anderen Topf das Truthahnfleisch aufwärmen. Parmesan und die restliche Butter unter den Reis rühren. Mit Salz und Pfeffer abschmecken. Das Fleisch auf dem Reis anrichten und servieren.

Risotto alla Sbirraglia mit Huhn und Kalbfleisch

1 kleines Huhn, küchenfertig
2 Möhren, 2 Selleriestangen und 2 Zwiebeln, fein geschnitten
Salz, schwarzer Pfeffer
50 g Butter
100 g Kalbfleisch, in Würfel geschnitten
2 EL trockener Weißwein
2 TL frischer Thymian
250 g Vialone Nano (wahlweise Carnaroli oder Arborio)
50 g kalte Butter
60 g Parmesan, gerieben

Zubereitungszeit:
ca. 70 Minuten für den Fond / ca. 40 Minuten für den Risotto

Zunächst das Huhn vorbereiten. Brust und Keulen vom Rumpf abtrennen, das Fleisch auslösen und in Würfel schneiden.

Die Knochen in einen Suppentopf geben. Dann jeweils die halbe Menge Möhren, Sellerie und Zwiebeln zufügen und mit Salz und Pfeffer würzen. Alles mit 1,5 l kaltem Wasser aufgießen und aufkochen. Den Fond mindestens 1 Stunde köcheln lassen.

Die Butter in einem großen Topf erhitzen und darin die Huhn- und Kalbfleischwürfel anbraten. Mit Salz und Pfeffer abschmecken, mit Wein ablöschen und zugedeckt 15 Minuten bei schwacher Hitze garen.

Die restlichen Möhren, Sellerie, die Zwiebel und Thymian zufügen und 5 Minuten mitgaren. Den Reis zugeben und mitrösten. Den Geflügelfond durch ein Sieb abgießen und in kleinen Mengen, ca. jeweils 1 Schöpfkelle, zugießen. Erst wenn der Reis die Flüssigkeit aufgenommen hat, erneut Fond zugeben, bis der Reis nach 15 bis 20 Minuten gar ist. Am Ende die kalte Butter und den Parmesan unterrühren. Sofort servieren.

Risotto alla Pilota

50 g Butter
1 Zwiebel, fein gehackt
300 g mageres Schweinefleisch, in Würfel geschnitten
Salz, schwarzer Pfeffer
300 g Risottoreis Vialone Nano (wahlweise Carnaroli oder Arborio)
50 g Parmesan, gerieben

Zubereitungszeit:
ca. 40 Minuten

Die Hälfte der Butter in einen großen Topf geben und die Zwiebel darin anschwitzen.

Die Fleischwürfel braun anbraten, mit Salz und Pfeffer abschmecken und etwas Wasser zufügen. Das Fleisch zugedeckt garen lassen und warm stellen.

Traditionell wird »pilota« aus gleichen Teilen Reis und Wasser sowie einer zusätzlichen Tasse Wasser gekocht. Der Reis soll durch einen Trichter in die Mitte des Topfes in das kochende Wasser einrieseln. So entsteht eine Pyramide, deren Spitze aus dem Wasser ragt. Den Topf schwenken, damit die Pyramide zusammenfällt. Salz zugeben. Aber auch ohne Pyramide funktioniert das Rezept.

Den Reis zugedeckt 10 Minuten bei hoher Hitze kochen. Dann Deckel abnehmen und ein Tuch darüberlegen. Deckel wieder aufsetzen und den Reis 10 Minuten ausquellen lassen. Zum Schluss den Parmesan, die restliche Butter und das Fleisch daruntermischen. Sofort servieren.

Risotto mit Schweinelende und Kalbfleisch

60 g Buttter
1 Rosmarinzweig
1 Thymianzweig
1 Zwiebel, fein gehackt
80 g Schweinelende, in Würfel geschnitten
80 g Kalbfleisch, in Würfel geschnitten
1 cl Cognac
Salz, Pfeffer
350 g Risottoreis
1 l Gemüsefond
60 g geriebener Parmesan
1 Prise Zimt

Zubereitungszeit:
ca. 40 Minuten

In einem Topf die Hälfte der Butter zerlassen und darin den Rosmarin, den Thymian und die Zwiebel anschwitzen.

Die Rosmarin- und Thymianzweige entfernen und das gewürfelte Schweine- und Kalbfleisch zugeben und von allen Seiten braun anbraten.

Mit Cognac ablöschen und mit Salz und Pfeffer abschmecken. Die Fleischstücke aus dem Topf nehmen und warm halten.

Den Reis in den Topf geben und kurz farblos anrösten. 1 Schöpfkelle heißen Fond zugießen. Wenn der Reis die Flüssigkeit vollständig aufgenommen hat, unter ständigem Rühren kleine Mengen heißen Fond zugeben. Nach ca. 15 bis 20 Minuten sollte der Reis gar, aber noch bissfest sein.

Den Topf von der Herdplatte nehmen und die Fleischwürfel und die restliche Butter einrühren. Mit Parmesan und Zimt verfeinern. Sofort servieren.

Mozzarellarisotto mit Salbei-Prosciutto-Scaloppine

3 EL Olivenöl
350 g Risottoreis Carnaroli
1 weiße Zwiebel
1/4 l Weißwein
1 l Gemüsefond
4 Kalbschnitzel à 120 g
Salz, Pfeffer
2 Scheiben Parmaschinken
4 frische Salbeiblätter
2 EL Parmesan
2 EL Butter
125 g Büffelmozzarella

Zubereitungszeit:
ca. 40 Minuten

2 EL Olivenöl in einem Topf erhitzen. Darin den Risottoreis 2 Minuten farblos anrösten.

Die Zwiebel schälen, in kleine Würfel schneiden und mit dem Reis anschwitzen.

Mit Weißwein ablöschen und 1 Schöpfkelle des heißen Fonds zugießen. Wenn der Reis die Flüssigkeit aufgenommen hat, unter Rühren kleine Mengen Fond zugeben.

In der Zwischenzeit die Kalbschnitzel klopfen und mit Salz und Pfeffer würzen. In einer Pfanne etwas Olivenöl erhitzen und die Schnitzel von beiden Seiten scharf anbraten. Die geviertelten Parmaschinkenscheiben und die Salbeiblätter dazugeben.. Alles warm stellen.

Den Risotto mit Parmesan und Butter verfeinern. Den Büffelmozzarella in feine Scheiben schneiden. Den Risotto auf die Teller geben und die Mozarellascheiben darüber verteilen. Die Scaloppine darauf anrichten und sofort servieren.

Reisfleisch »Hoffinger«

2 EL Butter
500 g Kalbsbäckchen
100 g Stangensellerie
1 l trockener Rotwein
2 EL Olivenöl
350 g Risottoreis Carnaroli
1 weiße Zwiebel
2 rote Paprika
1 EL Paprikapulver edelsüß
1/4 l Weißwein
1 l Gemüsefond
Salz
2 EL alter Balsamico
2 EL Butter
2 EL Parmesan, gerieben

Zubereitungszeit:
1 Stunde für das Fleisch / 20 Minuten für den Risotto

2 EL Butter in einer Pfanne schmelzen und darin die Kalbsbäckchen anbraten. Den gewürfelten Stangensellerie zugeben. Mit Rotwein ablöschen und für ca. 1 Stunde zugedeckt, bei geringer Hitze weich kochen.

20 Minuten vor Ende der Kochzeit mit der Zubereitung des Risotto beginnen.

2 EL Olivenöl erhitzen und darin den Reis ca. 3 Minuten farblos anrösten.

Die Zwiebel schälen. Die Paprika entkernen, wie die Zwiebel in kleine Würfel schneiden und mit dem Reis anschwitzen.

Das Paprikapulver einrühren und sofort mit Weißwein ablöschen. 1 Schöpfkelle warmen Fond zugießen. Wenn der Reis die Flüssigkeit aufgenommen hat, unter Rühren Fond zugeben, bis der Reis gar ist.

Das Fleisch aus dem Fond nehmen. Den Fond mit Salz und Balsamico abschmecken und dickflüssig einkochen lassen. Darin die Kalbsbäckchen erwärmen.

Die Butter und den geriebenen Parmesan einrühren. Die Bäckchen auf dem Risotto anrichten und sofort servieren.

Gebratene Wachteln mit Radicchio-Balsamico-Risotto

Wachteln
4 Wachteln, küchenfertig
Salz, Pfeffer
1 EL Olivenöl
2 EL Butter
60 ml Madeira

Risotto
2 EL Olivenöl
350 g Risottoreis Carnaroli
1 weiße Zwiebel
150 g Radicchio
2 EL Honig
1/4 l Weißwein
1 l Gemüsefond
2 EL Butter
2 EL Parmesan, gerieben
2 EL alter Balsamico

Zubereitungszeit:
ca. 40 Minuten

Die Wachteln in Brust und Knochen teilen. Die Keulen und die Brustfilets mit Salz und Pfeffer würzen und in einer Pfanne mit 1 EL Olivenöl und 2 EL Butter auf beiden Seiten anbraten. Mit Madeira ablöschen und ohne Hitze ziehen lassen.

2 EL Olivenöl in einem Topf erhitzen. Darin den Risottoreis ca. 3 Minuten farblos anrösten. Die Zwiebel schälen und mit dem Radicchio in kleine Würfel schneiden. Die Zwiebel- und Radicchiowürfel zum Risotto geben und farblos anschwitzen. Den Honig einrühren und mit Weißwein ablöschen. Verkochen lassen und 1 Schöpfkelle des warmen Fonds zugießen. Wenn der Reis die Flüssigkeit vollständig aufgenommen hat, unter ständigem Rühren kleine Mengen Fond zugeben. Nach ca. 15 bis 20 Minuten sollte der Reis gar, aber noch bissfest sein.

Die Butter, den Parmesan und den alten Balsamico einrühren. Mit Salz und Pfeffer abschmecken. Den Risotto auf Teller geben und darauf die Wachteln anrichten und sofort servieren.

Entenleberrisotto mit Pistazien und Honigapfel

2 EL Olivenöl
350 g Risottoreis Carnaroli
1 weiße Zwiebel
1/4 l Süßwein
1 l Gemüsefond
3 säuerliche Äpfel,
z. B. Braeburn
2 EL Honig
200 g Entenstopfleber
Salz, Pfeffer
3 EL Pistazien, gehackt

Zubereitungszeit:
ca. 30 Minuten

2 EL Olivenöl in einem Topf erhitzen. Darin den Risottoreis 2 Minuten farblos anrösten.

Die Zwiebel schälen, in kleine Würfel schneiden und mit dem Reis anschwitzen.

Mit Süßwein ablöschen und 1 Schöpfkelle des heißen Fonds zugießen. Wenn der Reis die Flüssigkeit vollständig aufgenommen hat, unter Rühren kleine Mengen Fond zugeben. Nach ca. 15 bis 20 Minuten sollte der Reis gar, aber noch bissfest sein.

Die Äpfel schälen, entkernen und in Spalten schneiden. Die Apfelspalten in einer Pfanne in dem Honig anbraten und mit der in Würfel geschnittenen Entenstopfleber unter den Risotto mischen.

Den Risotto auf Teller anrichten und mit Pistazien garnieren und servieren.

Risotto mit schwarzen Trüffeln und Taubenragout

Taubenragout
4 Tauben
2 EL Walnussöl
1 rote Zwiebel
50 g Knollensellerie
1 l trockener Rotwein
1 Zimtstange
Risotto
2 EL Olivenöl
350 g Risottoreis Carnaroli
1 weiße Zwiebel
1/4 l Weißwein
1 l Geflügelfond
1 Knoblauchzehe
4 EL Butter
20 g schwarze Trüffel
Salz, Pfeffer
2 EL Petersilie, gehackt
2 EL Parmesan, gerieben

Zubereitungszeit:
ca. 1 Stunde

Von den Tauben Brust und Keulen auslösen. Die Brustfilets kalt stellen. 2 EL Walnussöl in einem Topf erhitzen und darin die Keulen und die Karkassen scharf von allen Seiten anbraten.

Die geschälte rote Zwiebel und den Sellerie in kleine Würfel schneiden und zu den Keulen geben. Mit Rotwein ablöschen und die in Stücke gebrochene Zimtstange hinzufügen. Die Keulen weich kochen.

Die Keulen aus dem Topf nehmen und den Bratenfond bis auf ein Drittel reduzieren.

2 EL Olivenöl in einem Topf erhitzen. Darin den Reis 3 Minuten farblos anrösten.

Die Zwiebel schälen, in kleine Würfel schneiden und mit dem Reis anschwitzen.

Mit Weißwein ablöschen und 1 Schöpfkelle des heißen Geflügelfonds zugießen. Wenn der Reis die Flüssigkeit aufgenommen hat, unter ständigem Rühren kleine Mengen Fond zugeben.

Die Taubenbrustfilets mit der Knoblauchzehe in einer Pfanne mit 2 EL Butter je 5 Minuten auf beiden Seiten anbraten.

Die Trüffel in kleine Würfel schneiden und zu den Taubenbrustfilets geben.

Den Taubenfond durch ein Sieb abgießen und die Brustfilets damit ablöschen. Die Taubenkeulen hinzufügen und mit Salz und Pfeffer abschmecken.

Die Petersilie fein hacken und mit der restlichen Butter und dem geriebenen Parmesan unter den Risotto mischen. Mit Salz und Pfeffer abschmecken. Den Risotto auf Teller geben und das Taubenragout darauf anrichten. Sofort servieren.

Risotto mit Wildente

4 EL Olivenöl extra vergine
1 Knoblauchzehe, fein zerdrückt
1 kg Ente, ausgelöst und in Stücke geschnitten
5 Salbeiblätter
Salz, schwarzer Pfeffer
100 ml trockener Weißwein
200 g Tomaten, geschält, entkernt und in Viertel geschnitten
40 g Butter
1 Zwiebel, fein gehackt
300 g Risottoreis Vialone Nano (wahlweise Carnaroli oder Arborio)
1 l Geflügelfond
50 g Parmesan, gerieben

Zubereitungszeit:
ca. 1 Stunde

2 EL Olivenöl in einem großen Topf erhitzen und darin den Knoblauch und das ausgelöste Entenfleisch mit den Salbeiblättern, Salz und Pfeffer von allen Seiten gleichmäßig braun anbraten.

Mit dem Wein ablöschen. Jetzt die Tomaten zugeben und alles zugedeckt 30 Minuten köcheln lassen. Bei Bedarf etwas heißes Wasser nachgießen.

In der Zwischenzeit die Hälfte der Butter und das restliche Olivenöl in einem anderen Topf erhitzen.

Die Zwiebel anschwitzen, den Reis einrieseln lassen und 5 Minuten farblos mitrösten. Den heißen Fond unter Rühren in kleinen Mengen, ca. jeweils 1 Schöpfkelle, zugießen. Erst wenn der Reis die Flüssigkeit vollständig aufgenommen hat, erneut Fond zugeben.

Nach 10 Minuten etwas Entenfleisch zugeben und mit Bratensaft begießen.

Den Parmesan und die restliche Butter in den fertig gegarten Reis einrühren.

Das restliche Entenfleisch separat reichen.

Rotkrautrisotto mit Apfelente und Majoranschaum

Apfelente

1 Hausente, küchenfertig
Salz, Pfeffer
Majoran, gerebelt
2 Äpfel, geviertelt und entkernt
1 unbehandelte Orange, geviertelt

Risotto

2 EL Olivenöl
350 g Risottoreis Carnaroli
1 rote Zwiebel
1/4 l Rotwein
1 l Gemüsefond
200 g Rotkraut, vorgekocht
2 EL Butter
2 EL Parmesan
1/4 l Weißwein
1/4 l Sahne
2 EL Majoran, gehackt

Zubereitungszeit:
1 1/2 Stunden für die Ente, 30 Minuten für den Risotto

Die Ente innen und auf der Hautseite mit Salz und Pfeffer würzen. Mit gerebeltem Majoran, den Apfel- und Orangenvierteln füllen. Ca. 1 1/2 Stunden bei 180 °C im vorgeheizten Ofen braten. Abkühlen lassen.

Das Fleisch mit der Haut vom Knochen lösen und beides klein schneiden. Die Äpfel zerdrücken.

2 EL Olivenöl in einem Topf erhitzen. Darin den Reis 3 Minuten farblos anrösten.

Die Zwiebel schälen, in kleine Würfel schneiden und mit dem Reis anschwitzen.

Mit Rotwein ablöschen und 1 Schöpfkelle heißen Fond zugießen. Wenn der Reis die Flüssigkeit vollständig aufgenommen hat, unter Rühren kleine Mengen Fond zugeben.

Gegen Ende der Garzeit des Risottos das Fleisch, das Rotkraut und die Äpfel zugeben. Mit Butter und Parmesan verfeinern.

Den Weißwein mit der Sahne aufkochen. Mit Salz und Pfeffer abschmecken und den gehackten Majoran dazugeben. Die Weißwein-Majoran-Sauce mit einem Pürierstab aufmixen und auf dem Risotto verteilen.

Kaninchen-Oliven-Risotto aus der Papillote

2 EL Olivenöl
350 g Risottoreis Carnaroli
1 weiße Zwiebel
1/4 l trockener Weißwein
1 l Gemüsefond
400 g Kaninchenfilet
Salz, Pfeffer
4 EL Butter
100 g schwarze Oliven, entsteint
1 EL frischer Estragon, gehackt
4 EL Grana Padano, gerieben

Zubereitungszeit:
40 Minuten

Das Olivenöl in einem Topf erhitzen. Darin den Risottoreis 3 Minuten farblos anrösten.

Die Zwiebel schälen, in kleine Würfel schneiden und mit dem Reis anschwitzen.

Mit Weißwein ablöschen und 1 Schöpfkelle heißen Fond zugießen. Wenn der Reis die Flüssigkeit aufgenommen hat, unter Rühren kleine Mengen Fond zugeben. Nach ca. 15 bis 20 Minuten sollte der Reis gar sein.

Die Kaninchenfilets in Stücke schneiden. Mit Salz und Pfeffer würzen. Das Fleisch in einer Pfanne in 2 EL Butter mit den Oliven anbraten. Beides unter den Risotto mischen.

Restliche Butter, Estragon und Parmesan einrühren, mit Salz und Pfeffer abschmecken.

4 Backpapierstücke (30 × 30 cm) auf ein Backblech legen. Den Risotto auf die Backpapierstücke geben. Zur Mitte hin einschlagen und oben mit Küchengarn zusammenbinden. Für 10 Minuten im vorgeheizten Backofen bei 170 °C backen.

Die Backpapiersäckchen aus dem Ofen nehmen und auf Teller geben. Erst am Tisch öffnen, um die Aromen zu bewahren.

Hasenrücken an Schokolade-Pfefferkirschen-Risotto

2 EL Olivenöl
350 g Risottoreis Carnaroli
1 weiße Zwiebel
1/4 l Weißwein
1 l Wildfond
500 g Hasenrücken, ausgelöst
Salz, Pfeffer
2 EL Walnussöl
1 EL Wacholderbeeren
60 ml roten Portwein
100 g abgetropfte Sauerkirschen aus dem Glas
70 g Kuvertüre (70 % Kakaoanteil)
2 EL Parmesan, gerieben
2 EL Butter
1 EL grüner Pfeffer

Zubereitungszeit:
ca. 40 Minuten

2 EL Olivenöl in einem Topf erhitzen. Darin den Risottoreis 3 Minuten farblos anrösten.

Die Zwiebel schälen, in kleine Würfel schneiden und mit dem Reis anschwitzen. Mit Weißwein ablöschen und 1 Schöpfkelle des heißen Fonds zugießen. Wenn der Reis die Flüssigkeit aufgenommen hat, unter ständigem Rühren kleine Mengen Fond zugeben. Nach ca. 15 bis 20 Minuten sollte der Reis gar sein.

In der Zwischenzeit den Hasenrücken mit Salz und Pfeffer würzen. In einer Pfanne das Walnussöl erhitzen und das Fleisch mit den Wacholderbeeren auf beiden Seiten kurz und scharf anbraten. Mit dem Portwein ablöschen. Das Fleisch für 15 Minuten in den auf 110 °C vorgeheizten Backofen stellen.

Die Kirschen, die gehackte Kuvertüre, Parmesan und Butter unter den Risotto mischen. Am Schluss grünen Pfeffer einrühren.

Den Hasenrücken quer zur Faser in 1 cm dicke Scheiben schneiden und auf dem Risotto anrichten. Sofort servieren.

Rehkeule an Moosbeerenrisotto und schwarzen Nüssen

- 700 g Rehkeule, ohne Knochen
- Salz, Pfeffer
- 4 Wacholderbeeren
- 2 EL Walnussöl
- 2 EL Olivenöl
- 350 g Risottoreis Carnaroli
- 1 weiße Zwiebel
- 1/4 l Weißwein
- 1 l Gemüsefond
- 100 g schwarze Nüsse (eingelegte grüne Walnüsse, erhältlich im Feinkostgeschäft)
- 100 g Moosbeeren (Cranberrys)
- 2 EL Butter
- 2 EL Parmesan, gerieben

Zubereitungszeit:
ca. 40 Minuten

Die Rehkeule mit Salz und Pfeffer würzen. Walnussöl erhitzen und das Fleisch mit den Wacholderbeeren auf beiden Seiten scharf anbraten. Anschließend im auf 150 °C vorgeheizten Backofen 20 Minuten braten.

2 EL Olivenöl in einem Topf erhitzen und darin den Reis 3 Minuten farblos anrösten.

Die Zwiebel schälen, in kleine Würfel schneiden und mit dem Reis anschwitzen.

Mit Weißwein ablöschen und 1 Schöpfkelle des heißen Fonds zugießen. Wenn der Reis die Flüssigkeit vollständig aufgenommen hat, unter Rühren kleine Mengen Fond zugeben. Nach ca. 15 bis 20 Minuten sollte der Reis gar sein.

Die schwarzen Nüsse in kleine Würfel schneiden und mit den Moosbeeren unter den Risotto mischen. Mit Butter und Parmesan verfeinern.

Das Fleisch aus dem Ofen nehmen. Den Bratensaft abgießen und unter den Risotto rühren. Mit Salz und Pfeffer abschmecken. Die Rehkeule aufschneiden und auf dem Risotto anrichten. Sofort servieren.

In Honig glaciertes Strohschwein mit Risotto vom Frühlingsknoblauch

Strohschwein

700 g Rücken vom Strohschwein (Schwein artgerecht auf Stroh gehalten), ausgelöst
Salz, Pfeffer
2 EL Olivenöl
2 EL Honig
1 TL Kümmel

Risotto

2 EL Olivenöl
350 g Risottoreis Carnaroli
1 weiße Zwiebel
1 Stange Frühlingsknoblauch
1/4 l Weißwein
1 l Gemüsefond
2 EL Butter
2 EL Parmesan, gerieben
1 EL Zitronenthymian

Zubereitungszeit:
ca. 40 Minuten

Den Strohschweinerücken in kleine Steaks schneiden. Mit Salz und Pfeffer würzen. In einer Pfanne 2 EL Olivenöl erhitzen und das Fleisch von allen Seiten anbraten. Den Honig und den Kümmel in die Pfanne geben und alles glacieren. Warm stellen.

2 EL Olivenöl in einem Topf erhitzen. Darin den Reis 2 Minuten farblos anrösten. Die Zwiebel schälen und in kleine Würfel schneiden. Den Frühlingsknoblauch putzen, die harten Teile abschneiden und mit dem Grün klein hacken. Beides mit dem Reis anschwitzen.

Mit Weißwein ablöschen und 1 Schöpfkelle des heißen Fonds zugießen. Wenn der Reis die Flüssigkeit vollständig aufgenommen hat, unter Rühren kleine Mengen Fond zugeben. Nach ca. 15 bis 20 Minuten sollte der Reis gar sein.

Die Butter, geriebenen Parmesan und den gehackten Zitronenthymian einrühren. Mit Salz und Pfeffer abschmecken. Die Strohschweinesteaks mit dem Risotto anrichten und sofort servieren.

Gewürzlammrisotto

2 EL Olivenöl extra vergine
50 g Butter
1 Zwiebel, gehackt
2 Knoblauchzehen, gehackt
2 TL Rosmarin, gehackt
1 Salbeiblatt, gehackt
8 kleine Lammkoteletts (ca. 400 g), ohne Fett
100 ml trockener Weißwein
350 g italienische Eiertomaten, entkernt, geviertelt
2 Gewürznelken,
2 cm Zimtstange
1/4 TL geriebene Muskatnuss, 1 Lorbeerblatt
Salz, schwarzer Pfeffer
3/4 bis 1 l Geflügelfond
300 g Risottoreis Vialone Nano (wahlweise Carnaroli oder Arborio)
60 g Parmesan, gerieben

Zubereitungszeit:
ca. 45 Minuten

Das Öl und die Hälfte der Butter in einem großen Topf erhitzen und die Zwiebel, den Knoblauch und die frischen Kräuter darin anschwitzen.

Dann die Lammkoteletts zugeben und einige Minuten anbraten. Mit Weißwein ablöschen. Wenn der Wein verdampft ist, die Tomaten, die Gewürze und das Lorbeerblatt zufügen. Mit Salz und Pfeffer abschmecken und, wenn nötig, etwas Fond nachgießen.

Nach Ende der Garzeit das Fleisch aus dem Topf nehmen, vom Knochen lösen, in kleine Stücke schneiden und wieder in den Topf geben.

Die restliche Butter hinzufügen und den Reis einrühren. Wenn die Flüssigkeit vollständig reduziert ist, den heißen Fond in kleinen Mengen, ca. jeweils 1 Schöpfkelle, zugießen. Erst wenn der Reis die Flüssigkeit vollständig aufgenommen hat, erneut Fond zugeben.

Die groben Kräuter und Gewürze entfernen und den Käse in den garen Reis einrühren. Sofort servieren.

Shirazrisotto an arabischer Lammhüfte

Lammhüfte
700 g Lammhüfte
Salz, Pfeffer
2 EL Olivenöl
4 EL Joghurt, 3,5 % Fett
2 EL Honig
1 EL Kreuzkümmel

Risotto
2 EL Olivenöl
350 g Risottoreis Carnaroli
1 rote Zwiebel
1/4 l Shiraz
1 l Lammfond
2 EL Butter
2 EL Parmesan, gerieben

Zubereitungszeit:
2 Stunden für das Lamm /
20 Minuten für den Risotto

Die Lammhüfte mit Salz und Pfeffer würzen und in einer Pfanne mit 2 EL Olivenöl scharf anbraten. Das Fleisch in den auf 170 °C vorgeheizten Backofen stellen. Nach ca. 1 Stunde den Joghurt mit Honig, Kreuzkümmel und etwas Salz verrühren und das Fleisch damit bestreichen. Eine weitere Stunde bei 140 °C garen.

20 Minuten vor Ende der Garzeit den Risotto zubereiten.

2 EL Olivenöl in einem Topf erhitzen. Darin den Reis 2 Minuten farblos anrösten.

Die Zwiebel schälen, in kleine Würfel schneiden und mit dem Reis anschwitzen.

Mit Shiraz ablöschen und 1 Schöpfkelle des heißen Lammfonds zugießen. Wenn der Reis die Flüssigkeit aufgenommen hat, unter Rühren kleine Mengen Fond zugeben. Nach ca. 15 bis 20 Minuten sollte der Reis gar sein. Mit Butter und Parmesan verfeinern.

Das Fleisch aus dem Ofen nehmen. Bratensaft abgießen und in den Risotto rühren. Mit Salz und Pfeffer abschmecken. Die Hüfte aufschneiden und auf dem Risotto anrichten.

Risotto mit Stern

Risotto mit Ziegenricotta und karamellisierter St. Maria Birne

Volker Eisenmann, Käfer-Schänke, München

- 1 weiße Zwiebel
- 200 g Risottoreis Acquerello
- 30 ml Olivenöl
- 100 ml Weißwein
- 600 ml Geflügelfond
- 100 g frische Walnusskerne
- 2 Stück St. Maria Birne oder Williamsbirne
- 20 g Zucker für Karamell
- 50 ml sehr alten Aceto balsamico
- 10 ml Aceto balsamico di Modena
- 40 g Butter
- 80 g Ziegenricotta (erhältlich im Feinkostladen)
- Meersalz
- 50 g Parmesan, gerieben
- Saft von 1 Zitrone
- Schwarzer Pfeffer aus der Mühle
- 12 Salbeiblätter

Für den Risotto die Zwiebel schälen und in feine Würfel schneiden. Die Zwiebel zusammen mit dem Reis in Olivenöl 3 bis 4 Minuten glasig dünsten. Das Ganze mit Weißwein ablöschen. Die Flüssigkeit vollständig einkochen lassen.

Nun nach und nach unter Rühren den heißen Geflügelfond zugeben. Dabei immer warten, bis der Reis die Flüssigkeit aufgenommen hat. Dann sofort Fond nachgießen. Diesen Vorgang so lange wiederholen bis der Reis nach ca. 20 bis 25 Minuten die gewünschte Bissfestigkeit erreicht hat.

Die Walnusskerne in kochendem Salzwasser blanchieren und anschließend vorsichtig mit einem kleinen, spitzen Messer die braune Haut abschälen.

Die Birnen schälen, entkernen und in Spalten schneiden. 4 gleichmäßige Spalten für die Garnitur beiseitelegen. Den Rest in sehr kleine Würfel schneiden.

Den Zucker mit derselben Menge Wasser karamellisieren lassen und mit dem Aceto balsamico di Modena ablöschen.

Zubereitungszeit:
ca. 45 Minuten

Alles zu einem Sirup einkochen. Die Birnenspalten in dem Sirup wenden und so glacieren. Die Spalten herausnehmen und die Birnenwürfel in der gleichen Pfanne glacieren.

Nun die kalte Butter, den Ziegenricotta, den Parmesan und die Birnenwürfel unter den Risotto rühren. Den Reis mit Meersalz, dem Zitronensaft und etwas Pfeffer abschmecken.

Den Risotto auf die vorgewärmten Teller geben. Die Walnüsse und die Birnenspalten darauf verteilen. Die Salbeiblätter in feine Streifen schneiden und den Risotto damit garnieren.

Petersilienrisotto mit hausgebeiztem Bachsaibling und Petersilienwurzelchip

Volker Eisenmann, Käfer-Schänke, München

Gebeizter Bachsaibling

5 g Zucker
5 g Pökelsalz (erhältlich in der Metzgerei)
5 g Senfsaatkörner
5 g weiße Pfefferkörner
8 g Wacholderbeeren
8 g Koriandersaat
Abrieb von 1 Zitrone
30 ml Olivenöl
2 EL Estragonessig
100 g Blattpetersilie, gehackt
35 g Dill, fein geschnitten
500 g Bachsaiblingfilet mit Haut

Petersilienmatte

80 g Blattpetersilie
20 g Parmesan, gerieben
60 g Butter

Risotto

1 weiße Zwiebel
200 g Risottoreis Acquerello
30 ml Olivenöl
100 ml trockener Weißwein

Zucker, Pökelsalz, Senfkörner, Pfefferkörner, Wacholderbeeren, Koriandersaat und den Zitronenabrieb mit dem Olivenöl und dem Estragonessig in einer Schüssel zu einer Marinade verrühren. Die Blattpetersilie und den Dill zugeben.

Die Hautseite der Fischfilets mit der Marinade bestreichen. 2 bis 3 Tage im Kühlschrank ziehen lassen.

Für die Petersilienmatte die Petersilie in kochendem Salzwasser blanchieren und in Eiswasser abschrecken. Zusammen mit dem Parmesan und der weichen Butter im Mixer fein pürieren.

Für den Risotto die Zwiebel schälen und in feine Würfel schneiden und in einem Topf mit dem Risottoreis in Olivenöl 3 bis 4 Minuten glasig dünsten.

Das Ganze mit Weißwein ablöschen. Die Flüssigkeit vollständig einkochen lassen. Nun nach und nach unter ständigem Rühren den heißen Geflügelfond zugeben. Dabei immer warten, bis der Reis die Flüssigkeit aufgenommen hat. Dann sofort Fond nachgießen.

600 ml Geflügelfond
Meersalz
Saft von 1 Zitrone
Schwarzer Pfeffer aus der Mühle

Petersilienwurzelchip
2 Stück Petersilienwurzel
30 g Mehl
250 ml Erdnussöl zum Frittieren
Salz
2 EL Sahne, geschlagen

Zubereitungszeit:
2 bis 3 Tage Marinierzeit für den Saibling / 40 Minuten für den Risotto

Diesen Vorgang einige Male wiederholen, bis der Reis nach ca. 20 bis 25 Minuten die gewünschte Bissfestigkeit erreicht hat.
Nun die Petersilienmatte unterrühren und den Risotto mit dem Meersalz, dem Saft von 1 Zitrone und etwas Pfeffer abschmecken.

Für die Chips die Petersilienwurzeln schälen und mit dem Sparschäler dünne Scheiben abhobeln. Die Scheiben von beiden Seiten mit Mehl bestäuben.

Das Erdnussöl in einer Pfanne auf 170 °C erhitzen und darin die Scheiben goldgelb frittieren. Auf Küchenkrepp abtropfen lassen und ein wenig salzen.

Zum Anrichten die geschlagene Sahne unter den Risotto heben. Den Risotto auf den vorgewärmten Tellern verteilen. Den Saibling in dünne Scheiben schneiden und darauf anrichten. Mit Petersilienchips garnieren.

Risotto mit rosa Grapefruit und Gelee vom Jamón Ibérico de Bellota

Volker Eisenmann, Käfer-Schänke, München

Gelee

400 g Bellota Schinken oder alternativ Parmaschinken, aufgeschnitten
50 g Schalotte, in Würfel geschnitten
4 cl Noilly Prat
4 cl trockener Weißwein
200 ml heller Geflügelfond
1 Zweig Thymian
1 Knoblauchzehe, gehackt
50 ml Crème fraîche
3 g Agar-Agar (pflanzliches Bindemittel)
1 Bund Schnittlauch, in feine Röllchen geschnitten

Risotto

2 Stück rosa Grapefruit
12 Stangen Frühlingslauch
1 weiße Zwiebel, in Würfel geschnitten
30 ml Olivenöl
200 g Risottoreis Acquerello

100 g Bellotaschinken in Würfel schneiden und mit der Schalotte ohne Fettzugabe in einer Pfanne anschwitzen.

Mit Noilly Prat ablöschen und mit Weißwein und hellem Geflügelfond aufgießen. Den Thymian und die Knoblauchzehe hinzufügen. Die Sauce um die Hälfte reduzieren.

Die Crème fraîche und das Agar-Agar einrühren, alles aufkochen lassen. Dann vom Herd nehmen und etwa 1 Stunde ziehen lassen. Anschließend kurz erwärmen und durch ein Sieb abgießen.

Den Schnittlauch einrühren. Das Gelee in eine Form mit Rand gießen, ca. 2 Stunden in den Kühlschrank stellen. Fest werden lassen.

Die Grapefruit schälen und die Filets herausschneiden. Den Grapefruitsaft für den Risotto separat aufbewahren.

Den Frühlingslauch schälen. Dabei das obere Drittel vom Grün abschneiden. Den Frühlingslauch in Salzwasser 1 Minute blanchieren und in Eiswasser abschrecken. Auf einem trockenen Tuch abtropfen lassen.

100 ml Weißwein
600 ml Geflügelfond
40 g Butter
50 g Parmesan, gerieben
Meersalz
Schwarzer Pfeffer aus der Mühle

Zubereitungszeit:
3 Stunden für das Gelee /
30 Minuten für den Risotto

Die Zwiebel mit dem Reis in 2 EL Olivenöl 3 bis 4 Minuten glasig dünsten. Das Ganze mit Weißwein ablöschen Die Flüssigkeit vollständig einkochen lassen. Nun nach und nach unter ständigem Rühren den Geflügelfond zugeben. Dabei immer warten, bis der Reis die Flüssigkeit aufgenommen hat. Dann sofort Fond nachgießen. Diesen Vorgang einige Male wiederholen, bis der Reis nach ca. 20 bis 25 Minuten die gewünschte Bissfestigkeit erreicht hat.

Nun die Butter, die Grapefruitfilets und den Parmesan in den Risotto rühren. Mit Meersalz, Grapefruitsaft und etwas Pfeffer abschmecken.

Den Frühlingslauch in einer Pfanne mit 1 EL Olivenöl kurz goldgelb anbraten.

Das Gelee aus der Form nehmen und in 1 cm × 1 cm große Würfel schneiden.

Zum Anrichten den Risotto auf den vorgewärmten Tellern verteilen. Den Frühlingslauch, die restlichen Schinkenscheiben und das Schinkengelee darauf anrichten.

Wolfsbarschfilet auf Risotto vom Radicchio di Treviso mit Wildkräutersalat

Sven Elverfeld, Aqua, Wolfsburg

Radicchio-Risotto

1 Schalotte, fein gewürfelt
1 Knoblauchzehe, fein gewürfelt
Olivenöl zum Braten
je 1/2 Rosmarin- und Thymianzweig
180 g Risottoreis Acquerello (3 Jahre gelagert)
ca. 700 ml Gemüsefond
30 g Parmigiano Reggiano, gerieben
1 EL Mascarpone
50 ml Sahne, geschlagen
Salz, Pfeffer
2 Köpfe Radicchio di Treviso

Radicchio-Öl

2 EL Rotweinessig
80 ml Olivenöl
Salz
Pfeffer aus der Mühle

Für den Risotto in einer Pfanne die Schalottenwürfel und den Knoblauch in ca. 1 EL Olivenöl anschwitzen. Je 1/2 Zweig Rosmarin und Thymian zugeben und den gewaschenen Risottoreis kurz mitschwitzen.

Unter Rühren nach und nach den warmen Gemüsefond zugießen, bis der Risotto al dente ist.

Am Ende der Garzeit den Parmesan, den Mascarpone und die geschlagene Sahne unterrühren. Mit Salz und Pfeffer abschmecken.

Den Radicchio waschen, den Strunk entfernen und in feine Streifen schneiden. Einige Blätter für das Öl beiseitelegen. Kurz vor dem Anrichten die Radicchiostreifen unter den Risotto mischen.

Für das Radicchio-Öl eine Handvoll Radicchioblätter klein zupfen, dabei den weißen Strunk der Blätter entfernen. In einem Mixer zusammen mit dem Rotweinessig und mit Salz und Pfeffer pürieren. Sofort das Olivenöl zugeben und nochmals 1 bis 2 Minuten mixen, bis sich die Masse bordeauxrot färbt.

Wolfsbarschfilet

4 Wolfsbarschfilets mit Haut à 120 g, entgrätet und geschuppt
Etwas Mehl zum Bestäuben
Olivenöl zum Braten
Je 1/2 Rosmarin- und Thymianzweig

Wildkräutersalat

2 bis 3 Handvoll Wildkräutermischung, nach Saison
1 TL Zitronensaft
1 EL Weißweinessig
1 EL Olivenöl
1 EL Mandelöl

Zubereitungszeit:
ca. 50 Minuten

Die Wolfsbarschfilets von beiden Seiten mit Salz und Pfeffer würzen. Die Hautseite 2 bis 3 Mal diagonal einschneiden, leicht mit Mehl bestäuben und abklopfen.

2 EL Olivenöl in einer Pfanne erhitzen und darin die Filets zuerst kurz auf der Seite ohne Haut anbraten. Dann wenden und auf der Hautseite mit dem Thymian und Rosmarin bei mittlerer Hitze fertig braten.

Die Wildkräuter putzen. Zitrone, Weißweinessig, Olivenöl und Mandelöl verrühren und darin die Wildkräuter marinieren.

Den Wildkräutersalat in einem Kranz auf den Teller legen. Den Risotto in die Mitte geben und das Wolfsbarschfilet darauf anrichten. Mit dem Radicchio-Öl verfeinern.

Zitrusfruchtrisotto mit Angelkabeljau

Christian Jürgens, Gourmetrestaurant Überfahrt, Rottach-Egern

Orangensauce
1/2 Fenchelknolle, geputzt, fein gewürfelt
1 Schalotte, geschält, fein gewürfelt
1 TL Butter
Zesten von 1 unbehandelten Orange
Zucker, Salz
250 ml trockener Weißwein
125 ml Noilly Prat
Saft von 2 Orangen
500 ml Geflügelfond
250 g Schlagsahne
125 g Crème double
6 grüne Pfefferkörner (in Salzlake, abgetropft)
6 Basilikumblätter
Zitronensaft
Reduzierter Noilly Prat (nach Belieben)
30 g eiskalte Butter

Für die Sauce Fenchel- und Schalottenwürfel in der Butter glasig dünsten. Die Orangenzesten zufügen, leicht mit Zucker und Salz würzen und bei niedriger Hitze dünsten, ohne Farbe zunehmen. Mit Weißwein und Noilly Prat ablöschen, alles einmal aufkochen und die Hälfte des Orangensaftes zufügen. Erneut bis auf die Hälfte einkochen.

Den Geflügelfond angießen und die Flüssigkeit auf die Hälfte bis ein Drittel reduzieren. Die Sahne und Crème double unterrühren und die Sauce nach Geschmack erneut etwa auf ein Viertel bis ein Drittel einkochen.

Grünen Pfeffer und Basilikum zufügen und die Sauce neben dem Herd 1 bis 1 1/2 Stunden ziehen lassen. Danach mit gut der Hälfte des übrigen Orangensaftes, Salz, etwas Zucker, einem Spritzer Zitronensaft und nach Belieben etwas reduziertem Noilly Prat abschmecken.

Die Sauce durch ein feines Sieb passieren, nochmals erwärmen und die kalte Butter flöckchenweise mit dem Stabmixer untermixen. Beiseitestellen.

Risotto
1 TL feine Schalottenwürfel
1 Scheibe Knoblauch, fein gewürfelt
1 EL Olivenöl
100 g Risottoreis (vorzugsweise Acquerello)
Salz
50 ml trockener Weißwein
300 ml heißer Geflügelfond
1/2 rosa Grapefruit, filetiert und fein geschnitten
1/2 Orange, filetiert und fein geschnitten
30 g eiskalte Butter
Zucker
Reduzierter Noilly Prat (nach Belieben)
12 Basilikumblätter, fein geschnitten
8 grüne Pfefferkörner (in Salzlake), abgetropft, sehr fein gehackt

Für den Risotto Schalotten- und Knoblauchwürfel im Olivenöl glasig anschwitzen, ohne Farbe nehmen zu lassen. Den Reis zufügen, leicht mit Salz würzen und unter Schwenken glasig dünsten.

Mit Weißwein ablöschen. Die Flüssigkeit einkochen lassen und nach und nach den heißen Geflügelfond angießen. Auf diese Weise den Risotto etwa 20 Minuten garen. Dabei den Risottoreis besser schwenken als umrühren.

Grapefruit- und Orangenstücke locker unterziehen und die Flüssigkeit etwas reduzieren und mit der kalten Butter abbinden.

Mit Salz, Zucker und nach Wunsch etwas reduziertem Noilly Prat abschmecken. Nach Geschmack vor dem Servieren das Basilikum und die grünen Pfefferkörner in den Risotto geben.

Während der Reis gart, die Kabeljaufilets kurz kalt abbrausen, gut trocken tupfen und nebeneinander auf einen mit Butter eingefetteten, ofenfesten Teller legen.

Kabeljau

4 Stücke Kabeljaufilet, à 60 g, ohne Haut und Gräten
Butter zum Einfetten
1 EL Butter
Salz
1 TL feine Schnittlauchröllchen
Rosa Pfefferbeeren, grob gemahlen
Kerbelblättchen
Essbare Blüten
Thai-Spargelspitzen, gedünstet (nach Belieben)

Zubereitungszeit:
1 1/2 Stunden Ziehzeit für die Sauce / 45 Minuten für den Risotto

Den Fisch dicht mit Klarsichtfolie überziehen und im auf 70 °C vorgeheizten Backofen 10 bis 12 Minuten garen. Nach 4 Minuten wenden und wieder mit Folie verschließen.

Die Butter in einer Pfanne hellbraun erhitzen. Den Kabeljau kurz und vorsichtig darin schwenken, mit Salz würzen. Mit Schnittlauch und rosa Pfefferbeeren bestreuen.

Die Orangensauce kurz erhitzen, aber nicht kochen. Mit dem restlichen Orangensaft abschmecken und mit dem Stabmixer aufschäumen.

Den Risotto auf vier vorgewärmte Teller verteilen und den Kabeljau darauf anrichten. Mit Kerbelblättchen und essbaren Blüten garnieren und nach Wunsch ein paar gedünstete Thai-Spargelspitzen zum Fisch legen. Mit der Orangensauce beträufeln.

Tipp: Nehmen Sie den Kabeljau aus dem Kühlschrank, bevor Sie mit der Arbeit beginnen. Er muss zum Garen Zimmertemperatur haben, sonst verlängert sich seine Garzeit erheblich.

Buddhas Hauch – Geräucherter Risotto mit Sobrassada und Nizza-Oliven

Thomas Kammeier, Hugos Restaurant, Berlin

- 2 EL Olivenöl
- 150 g Schalotten, in Würfel geschnitten
- 3/4 Zehe schwarzer Knoblauch (fermentiert, erhältlich im Asialaden)
- 240 g Arroz Bomba »Illa de Riu« (erhältlich im spanischen Feinkostgeschäft)
- 120 ml Sherry
- 120 ml Weißwein
- 750 ml Geflügel- oder Kalbsfond
- Salz, schwarzer Pfeffer
- Piment d'Espelette
- 3 EL geschlagene Sahne
- 15 g Pecorino
- 15 g Butter
- 120 g Sobrassada (mallorquinische getrocknete Wurst)
- 1 EL Olivenöl
- 120 g Nizza-Oliven, entsteint
- 1 unbehandelte Zitrone

Das Olivenöl in einer Pfanne erhitzen und darin die Schalottenwürfel und den gewürfelten schwarzen Knoblauch anschwitzen, Den Risottoreis zugeben und kurz mitrösten. Dann mit Sherry und Weißwein ablöschen.

Den heißen Geflügel- (oder Kalbs-) Fond nach und nach, unter ständigem Rühren in kleinen Mengen zugießen, bis der Reis gar, aber noch bissfest ist. Mit Salz und Pfeffer abschmecken und mit einer Prise Piment d'Espelette verfeinern.

Kurz vor dem Servieren die geschlagene Sahne, den Pecorino und die kalte Butter unterrühren. Der Risotto sollte cremig sein.

Die Sobrassada in feine Würfel schneiden und in einer Pfanne mit 1 TL Olivenöl anbraten. Die grob gehackten Nizza-Oliven zugeben. Mit etwas geriebener Zitronenschale verfeinern. Den Risotto auf Teller geben und die Sobrassada-Oliven-Mischung darauf anrichten.

Zubereitungszeit: ca. 30 Minuten

Rote-Bete-Risotto mit Gremolata

Thomas Kammeier, Hugos Restaurant, Berlin

Rote-Bete-Risotto

120 g Schalotte, gewürfelt
2 kleine Knoblauchzehen, gehackt
2 EL Olivenöl
300 g rohe Rote Bete
240 g Risottoreis Acquerello
150 ml Noilly Prat
150 ml trockener Weißwein
825 ml Geflügel- oder Gemüsefond
2 Prisen frisch gemahlener Kümmel
Salz, schwarzer Pfeffer
1 Prise Piment d'Espelette
15 g kalte Butter
10 g geriebener Parmesan
3 EL geschlagene Sahne
Etwas geriebene Schale einer unbehandelten Orange

Gremolata

150 g Petersilie

In einer Pfanne die Schalottenwürfel und den Knoblauch in Olivenöl anschwitzen.

Die Rote Bete schälen und in kleine Würfel schneiden. Zu der Schalotte geben und leicht glacieren. Den Acquerello-Reis zufügen und kurz farblos mitrösten.Alles mit Noilly Prat und Weißwein ablöschen.

Den Geflügelfond (oder Gemüsefond) aufkochen und unter ständigem Rühren nach und nach in den Reis gießen. Den garen Reis mit frisch gemahlenem Kümmel, Salz und schwarzem Pfeffer abschmecken. Mit einer kleinen Prise Piment d'Espelette verfeinern.

Die Butter, den Parmesan und die geschlagene Sahne unterziehen und den Orangenabrieb einrühren.

Für die Gremolata die gewaschene und gezupfte Petersilie mit der geriebenen Schale und etwas Saft der Zitrone, dem fein gehackten Knoblauch und dem Olivenöl pürieren. Mit Salz und Pfeffer abschmecken.

Den Rote-Bete-Risotto auf tiefe Teller verteilen und mit der Gremolata garnieren. Sofort heiß servieren.

1 bis 2 unbehandelte Amalfi-Zitronen
1 Knoblauchzehe, gehackt
75 ml mildes Olivenöl
Salz, schwarzer Pfeffer

Zubereitungszeit:
ca. 30 Minuten

Tipp: Man kann den Risotto bereits mehrere Stunden vor dem Verzehr vorbereiten. Dazu gießt man nur 3/4 der angegebenen Flüssigkeitsmenge zu und verteilt den Risotto auf einem Blech. Dadurch kühlt der Reis sehr schnell ab und der Garprozess wird unterbrochen. Am Abend kann der Risotto einfach und schnell mit der restlichen Menge Flüssigkeit fertig gekocht werden.

Roter Paprikarisotto mit sautierten Schluppen und Parmesan

Kolja Kleeberg, VAU, Berlin

5 rote Paprikaschoten
3 EL Olivenöl
600 ml Geflügelbrühe
2 Schalotten, geschält und fein gewürfelt
300 g Risottoreis
100 ml trockener Weißwein
50 g Butter in Würfeln
50 g geriebener Parmesan
Salz, Zucker
12 Schluppen oder Frühlingszwiebeln, geputzt und in 5 cm lange Stücke geschnitten
schwarzer Pfeffer aus der Mühle
50 g Parmesan am Stück

Zubereitungszeit:
ca. 1 Stunde

Die Paprikaschoten aufschneiden und von Stiel und Kernen befreien. Eine Paprikaschote fein würfeln und beiseitestellen. Die restlichen Schoten in grobe Stücke schneiden und in wenig Olivenöl in einer Pfanne anschwitzen.

Mit der Geflügelbrühe aufgießen und ca. 30 Minuten weich kochen. Die Paprikabrühe im Mixer pürieren. Es sollen ca. 700 ml Paprikafond entstehen.

Die Schalottenwürfel und die feinen Paprikawürfel in Olivenöl anschwitzen. Den Risottoreis zufügen und glasig werden lassen. Alles mit dem Weißwein ablöschen. Die Flüssigkeit vollständig einkochen lassen. Während der nächsten ca. 15 Minuten den warmen, pürierten Paprikafond nach und nach zugeben.

Nach Ende der Garzeit die Butterwürfel und den geriebenen Parmesan unterrühren. Mit Salz und Pfeffer abschmecken.

In der Zwischenzeit die Schluppen in Olivenöl anbraten. Nach 5 Minuten mit Salz, Zucker und schwarzem Pfeffer würzen.

Den Risotto in tiefen Tellern anrichten, die Schluppen darübergeben. Mit gehobeltem Parmesan und schwarzem Pfeffer abrunden.

Tipp: Den Parmesan hobeln Sie am besten mit einer Aufschnittmaschine – aber Vorsicht auf die Finger – oder besser mit einem Trüffelhobel mit glatter Schneide. Den können Sie auch wunderbar zum Hobeln von Radieschen oder Gurken benutzen. Oder natürlich zum Hobeln von Trüffeln.

Safranrisotto mit geschmolzenem Schwertfisch und Zitronengremolata

Kolja Kleeberg, VAU, Berlin

1 Bund Blattpetersilie
1 Bund Thymian
1 Knoblauchzehe
100 ml Olivenöl
Abrieb von 1 unbehandelten Zitrone
100 ml Weißwein
20 bis 30 Safranfäden
4 Schalotten
200 g Risottoreis Acquerello
600 ml Geflügelfond
Meersalz, schwarzer Pfeffer
100 g Butter
50 g Parmigiano Reggiano
Saft von 1 Zitrone
200 g frischer Schwertfisch

Zubereitungszeit:
ca. 40 Minuten

Die Blattpetersilie fein schneiden und den Thymian fein zupfen. Den Knoblauch schälen, würfeln und mit dem Olivenöl, Blattpetersilie, Thymian und dem Zitronenabrieb zu einer Gremolata mischen.

Den Weißwein aufkochen und die Safranfäden zugeben. Die Schalotten schälen und fein würfeln.

Die Schalotten in der Hälfte der Butter ohne Farbe anschwitzen. Den Reis zugeben und kurz mit anschwitzen. Alles mit etwas Weißwein ablöschen und die Flüssigkeit vollständig einkochen lassen. Nach und nach heißen Geflügelfond angießen, dabei rühren. Zwischendurch mit Salz und Pfeffer abschmecken.

Nach ca. 15 bis 20 Minuten die Butter und den Parmesan einrühren. Mit Salz und Zitronensaft abschmecken.

Den Schwertfisch in hauchdünne Scheiben schneiden. Mit Salz bestreuen und zusammen mit der Gremolata marinieren. Den Risotto in tiefen Tellern anrichten und mit rohen Schwertfischscheiben belegen.

Tipp: Ein Italiener nimmt nie Parmesan zu Pasta und Risotto mit Fisch. Wer also keinen Parmesan zu einem Fischrisotto mag, kann stattdessen Mascarpone verwenden.
Es ist wichtig, den Schwertfisch durch den heißen Risotto etwas Temperatur nehmen zu lassen. Dadurch wird er leicht gegart. Dies geschieht aber sehr schnell.

Graupenrisotto mit Muskatkürbis an Rehhaxe mit Berberitzensauce

Harald Rüssel, Landhaus St. Urban, Naurath

Graupenrisotto
150 g Gerstengraupen
1/2 Schalotte, gewürfelt
1cl Olivenöl
20 ml trockener Weißwein
2 l klare kraftvolle Brühe
1/2 Knoblauchzehe
1 Zweig Thymian
50 g Butter
50 g Parmesan, gerieben
Salz, Pfeffer

Muskatkürbis
25 g Zucker
2 cl Apfelsaft
20 ml trockener Riesling
20 ml Apfelessig
100 ml Geflügelfond
120 g Muskatkürbis
1/2 TL Maisstärke
1 Prise Sternanis, gemahlen
1 Zweig Rosmarin, gehackt
1 Prise langer Pfeffer

Rehhaxen
6 Rehhaxen

Die Graupen mit den Schalotten in Olivenöl anschwitzen. Mit Weißwein ablöschen und mit etwa 3/4 l Brühe auffüllen. Anschließend die Knoblauchzehe und den Thymian hinzugeben. Bei mittlerer Hitze köcheln. Unter ständigem Rühren nach und nach die restliche Brühe angießen, bis die Graupen gar sind.

Am Ende die kalte Butter einrühren, damit der Risotto »schlotzig« wird. Mit Parmesan abbinden. Mit Salz und Pfeffer abschmecken.

In einem Topf den Zucker karamellisieren lassen, mit Apfelsaft ablöschen. Riesling und Apfelessig zugeben und mit dem Geflügelfond auffüllen. Alles aufkochen, bis sich der Zucker-Karamell vollständig aufgelöst hat.

Die Kürbiswürfel hinzugeben und bissfest garen. Anschließend mit Stärke abbinden. Mit Salz, Pfeffer, Rosmarin und Sternanis abschmecken und kurz vor dem Servieren unter den Risotto rühren.

Die Rehhaxen von den Sehnen befreien. Das Pflanzenöl in einer großen Pfanne erhitzen und darin das Fleisch anbraten. Die Ka-

20 ml Pflanzenöl
10 g Karotten, gewürfelt
40 g Sellerie, gewürfelt
1 weiße Zwiebel, gehackt
1 Knoblauchzehe
1 TL Tomatenmark
300 ml Spätburgunder
1 Liter Wildjus (oder Rehjus)
2 Pimentkörner,
1 Prise Meersalz
1 Lorbeerblatt, 1 Zweig Rosmarin

Berberitzenjus

50 g Berberitzen, getrocknet
10 ml Pflaumenbrand
20 g Schalotten, gewürfelt
1 EL Butter
100 ml Spätburgunder
400 ml Rehhaxenjus
50 g flüssige braune Butter
Abrieb von 1/2 Zitrone

Zubereitungszeit:
1 1/2 Stunden

rotten- und Selleriewürfel, die Zwiebel und den Knoblauch mit anschwitzen. Das Tomatenmark hinzufügen. Mit dem Spätburgunder ablöschen. Die Wildjus angießen. Etwas Pfeffer, das Lorbeerblatt, Piment, Meersalz und den Rosmarin hinzugeben.

Das Fleisch im Ofen bei ca. 165 °C langsam schmoren. Dabei sollten die Haxen stets mit Flüssigkeit bedeckt sein. Das Fleisch ist gar, wenn es sich leicht vom Knochen lösen lässt. Die Haxen aus dem Ofen nehmen und die Jus duch ein Sieb passieren.

Die Berberitzen in Pflaumenbrand einweichen. Schalotten in Butter anschwitzen. Mit Spätburgunder ablöschen. 10 g Berberitzen zugeben. Alles mit der Rehhaxenjus aufgießen und auf die Hälfte reduzieren.

Alles kurz aufmixen. Die flüssige Butter einrühren und die Jus durch ein Sieb passieren. Die restlichen Berberitzen zugeben und mit Zitronenabrieb, Salz und Pfeffer abschmecken. Mit der Stärke binden. Den Risotto auf Teller verteilen und die Rehhaxen darauf anrichten. Mit dem Berberitzenjus garnieren.

Pfahlmuschelrisotto

Harald Rüssel, Landhaus St. Urban, Naurath

Muscheln

2 Schalotten, gehackt
1 Zweig Thymian
20 g Fenchel, gewürfelt
40 g Champignons, gewürfelt
1 El Olivenöl
300 g Bouchot oder andere Muscheln
20 ml trockener Riesling
10 ml Ricard
600 ml Fischfond
1g Safran
1Prise Piment d'Espelette
2 g Koriander, ganz
1 Zweig Dill
Salz, Pfeffer

Risotto

180 g Risottoreis Vialone
1 EL Olivenöl
1/2 Knoblauchzehe, gehackt
1 Zweig Thymian
100 ml trockener Weißwein

Die Schalotten, den Thymian, die Fenchel- und Champignonwürfel in Olivenöl anschwitzen. Die Muscheln zugeben und alles mit dem Riesling und Ricard ablöschen.

Den Fischfond zugießen. Safran, Piment, Koriander und Dill zufügen. Mit Salz und Pfeffer abschmecken. Wenn sich alle Muscheln öffnen, den Fond abgießen und für den Risotto beiseitestellen. Die Hälfte der Muscheln auslösen und die andere Hälfte für die Garnitur beiseitestellen.

Den Risotto in Olivenöl kurz anschwitzen. Die Knoblauchzehe und Thymian hinzugeben und mit Weißwein ablöschen.

Eine kleine Menge heißen Muschelfond zugießen. Bei mittlerer Temperatur kochen und immer wieder vorsichtig umrühren. Wenn die Flüssigkeit verkocht ist, wieder heißen Fond nachgießen, bis der Risotto bissfest, aber noch flüssig ist. Zum Schluss mit Salz, Pfeffer, einer Prise Curry und Piment d'Espelette abschmecken. Am Ende Parmesan und Butter zugeben, um den Risotto »schlotzig« zu machen.

500 ml Muschelfond
1 Prise Curry
1 Prise Piment d'Espelette
50 g Parmesan, gerieben
50 g weiche Butter
50 g rote Paprikawürfel

Muschel-Beurre-Blanc

1/2 Schalotte, in Scheiben geschnitten
5 Champignons, in Scheiben geschnitten
1 TL Olivenöl
150 ml trockener Weißwein
300 ml Muschelfond
150 ml Sahne
1 EL Orangensaft
10 ml Pastis
1 Zweig Dill
2 g Maisstärke
20 g Butter
1 Fenchelknolle, in Scheiben geschnitten und gegrillt

Vor dem Servieren die ausgelösten Bouchot-Muscheln und die sautierten Paprikawürfel unterheben.

Für die Muschel-Beurre-Blanc die Schalotten und Champignons in Olivenöl anschwitzen und mit Weißwein ablöschen. Den Fond und die Sahne zugießen und um die Hälfte reduzieren. Dann den Orangensaft, den Pastis und den Dill zugeben. Die Sauce durch ein Sieb passieren und mit Stärke abbinden. Mit der kalten Butter montieren.

Den Risotto auf Teller verteilen. Mit den Muscheln und den gegrillten Fenchelscheiben belegen und mit der Beurre Blanc anrichten.

Zubereitungszeit: ca. 45 Minuten

Risotto Dolce

Bratapfel-Vanille-Risotto mit weißem Zimtschaum

4 säuerliche Äpfel (Boskop, Braeburn)
7 EL Butter
1 TL Schale einer unbehandelten Orange, gehackt
4 EL Rohrzucker
1 TL Zimt, gemahlen
350 g Risottoreis Arborio
50 ml Rum
1 l Milch
1 Vanilleschote
3 EL Honig

Zimtschaum
1/4 l Sahne
3 Zimtstangen
2 EL Kristallzucker
2 cl weißen Rum

Zubereitungszeit:
ca. 50 Minuten

Die Äpfel mit einem Kernausstecher entkernen und in eine mit 1 EL Butter ausgefettete Auflaufform setzen.

4 EL Butter mit der Orangenschale, dem Rohrzucker und dem gemahlenen Zimt verrühren. Die Äpfel mit der Buttermischung füllen und im auf 200 °C vorgeheizten Backofen 15 bis 25 Minuten weich backen.

Die restliche Butter in einer Pfanne schmelzen und den Reis darin anschwitzen. Mit Rum ablöschen und mit 1/4 l heißer Milch aufgießen. Die Vanilleschote halbieren, Mark auskratzen und mit dem Honig zum Risotto geben. Wenn der Reis die Flüssigkeit aufgenommen hat, nach und nach heiße Milch nachgießen, bis er weich ist.

Die weichen Bratäpfel in Würfel schneiden und mit dem Apfelbratsaft in den Reis rühren. Warm stellen.

Die Sahne mit den in Stücke gebrochenen Zimtstangen aufkochen. Dann den Zucker und den weißen Rum hinzufügen. Die Zimtstangen entfernen und die Sauce aufmixen. Den Risotto mit Zimtschaum servieren.

Nugatrisotto

40 g Butter
20 g Schalotten, in Würfel geschnitten
200 g Risottoreis
700 ml Geflügelfond
120 g Nugat, in kleine Stücke gehackt
Mark von 1 Vanilleschote
40 g Parmesan
Einige getrocknete Aprikosen, klein geschnitten
Schwarzer Pfeffer aus der Mühle

Zubereitungszeit:
ca. 30 Minuten

Die Butter in einer Pfanne zerlassen und darin die Schalottenwürfel glasig dünsten.

Den Risotto dazugeben und kurz farblos mitrösten. Nach und nach in kleinen Mengen unter ständigem Rühren den Geflügelfond zugießen. Nach ca. 20 Minuten sollte der Reis gar, aber noch bissfest sein. Den Topf von der Herdplatte nehmen und die Hälfte der Nugatstückchen, das Vanillemark und den Parmesan einrühren.

Den Risotto in Teller geben. Die restlichen Nugatstückchen und die Aprikosen darüber verteilen. Nach Belieben mit frischem schwarzen Pfeffer aus der Mühle bestreuen und sofort servieren.

Risotto Schwarz-Weiß

1 EL Butter
250 g Arborio oder anderer Risottoreis
Abrieb und Saft von 1 unbehandelten Orange
100 g weiße Schokolade, fein gehackt
1 cl Cognac
700 ml Milch
50 ml Sahne, leicht geschlagen
40 g Rosinen

Zubereitungszeit:
ca. 30 Minuten

Die Butter in einer Pfanne zerlassen und darin den Risottoreis mit der geriebenen Orangenschale farblos anrösten.

Mit Cognac ablöschen und den Orangensaft einrühren. 1 Schöpfkelle heiße Milch zugießen. Wenn der Reis die Flüssigkeit vollständig aufgenommen hat, unter ständigem Rühren weiter heiße Milch in kleinen Mengen zugeben. Nach ca. 20 Minuten sollte der Reis gar sein.

3/4 der Schokoladenstücke zusammen mit den Rosinen und der Sahne einrühren. Den Risotto kurz ziehen lassen, damit die Schokolade schmelzen kann. In tiefen Teller anrichten und mit den restlichen Schokoladenstücken garnieren.

Toskanische Reiskrapfen

50 g Rosinen
20 ml Vin Santo (italienischer Dessertwein), ersatzweise Marsala
3/4 l Milch
1 Prise Salz
250 g Risottoreis
Schale von 1 unbehandelten Orange und 1 unbehandelten Zitrone
2 Eier
2 EL Butter
70 g Zucker
1 EL Mehl
Butterschmalz zum Ausbacken
Puderzucker zum Bestäuben

Zubereitungszeit:
ca. 2 Stunden

Die Rosinen in Vin Santo einweichen.

Die Milch mit 1 Prise Salz aufkochen, den Risottoreis einstreuen und bei milder Hitze unter Rühren ausquellen lassen. Den Reis vom Herd nehmen und auskühlen lassen. Die Orange und die Zitrone waschen, abtrocknen und die Schale fein reiben. Mit den Eigelben, der Butter, 50 g Zucker und den Rosinen mit dem Vin Santo unter den Reis rühren.

Die Eiweiße mit 20 g Zucker zu steifem Schnee schlagen und mit dem Mehl vermischen. Das Ganze vorsichtig unter die kalte Reismasse ziehen.

In einem Topf reichlich Butterschmalz stark erhitzen. Mit einem Esslöffel Nocken abstechen und im Butterschmalz goldbraun ausbacken.. Auf Küchenkrepp abtropfen lassen und mit Puderzucker bestäuben. Sofort noch heiß genießen.

Glossar

Acquerello
Dieser hochwertige Risottoreis entsteht aus den Carnaroli-Reiskörnern. Die Körner werden 1 bis 3 Jahre bei einer bestimmten Temperatur gelagert und speichern Stärke, Vitamine und Proteine optimal.

Agar-Agar
Pflanzliches Bindemittel aus Meeresalgen als Ersatz für tierische Gelantine; darf nicht mit Milch aufgekocht werden.

Alla Pilota
Risotto der Reisspelzer; Reisgericht, das die Arbeiter in Italien auf den Reisfeldern gegessen haben.

Alla Sbirraglia
Risotto für die Spitzel, Schimpfwort für die sehr gefräßigen Gendarmen des Kaisers im 19. Jahrhundert.

All'onda
Italienisch: wie eine Welle; der Risotto sollte so flüssig sein, dass er im Teller wie eine Welle hin und her bewegt werden kann.

Amalfi Zitrone
Die Zitronen aus den hängenden Gärten der italienischen Amalfiküste. Sie schmecken nicht sauer und bitter, sondern sind aufgrund der längeren Reifezeit fruchtig-frisch, duften intensiv und können mit Schale verwendet werden.

Anrösten
Der Reis wird vor dem Garen kurz glasig angeschwitzt, darf sich aber nicht verfärben, doch die Italiener bezeichnen dies beim Risotto irreführenderweise als rösten.

Arroz Bomba »Illa de Riu«
Diese seltene, ursprungsgeschützte Reissorte wird nur im spanischen Calasparra angebaut. Das Besondere ist ihr geringer Stärkeanteil. Dadurch kann der Reis lange gelagert werden und behält nach dem Garen eine hohe Bissfestigkeit.

Bel Paese
Milder halbfester Butterkäse aus pasteurisierter Kuhmilch mit 45 % Fett i. Tr.

Berberitzen
Sauerdorn; die roten Beeren haben einen sehr hohen Vitamin-C-Gehalt und werden vor allem in der orientalischen Küche verwendet.

Caciocavallo
Fester Brühkäse (Filata) aus Kuhvollmilch, 44 % Fett i. Tr., schnittfest und vor allem in Mittel- und Süditalien hergestellt

Cima di Rapa
Stengelkohl; ähnlich dem Broccoli, nur kleiner; mit festem Stiel und Blättern; Stengel, Blütenstände und Blätter können verwendet werden.

Fonduta
Italienische Käsesauce aus Vollmilch, Eier, Butter und Fontina-Käse; häufig mit gerösteten Brotwürfeln und weißen Trüffeln serviert

Fontina
Norditalienischer (Aostatal) schnittfester Bergkäse aus roher Kuhmilch mit 45 % Fett i. Tr.; jung mild-süßlich, reif würzig-nussig

Grana (Padano)
Hartkäse aus Kuhmilch, körnige Struktur (italienisch grana: Korn), 32 % Fett i. Tr.

Gremolata
Gewürzmischung aus fein gehacktem Knoblauch, Petersilie und geriebener Zitronenschale

Jamón Ibérico de Bellota
Spanischer Schinken aus dem Fleisch von iberischen schwarzen Schweinen, die traditionell mit Eicheln (= bellota) gemästet wurden

Kaisergranat
Krebs aus dem Atlantik, Mittelmeer und Nordsee; bekannt unter »scampo« verwandt mit Hummer

Kaki
Exotische Frucht, tomatengroß, am besten sehr reif verzehren, süßer dezenter Geschmack, weiches geleeartiges Fleisch

Lagunenfisch
Die Italiener nennen diese Fischart »ghiozzi«, auf deutsch Grundeln. Eine besondere Art findet sich in der Lagune Venedigs, die für diesen Risotto verwendet wird.

Mascarpone
Milder, streichfähiger Doppelrahmfrischkäse, ca. 50 % Fett i. Tr.

Montieren
Suppen, Pürees und Cremes mit dem Schneebesen aufschlagen, damit sie cremiger und luftiger werden, bei Saucen mit kalter Butter

Moosbeere
Auch Carnberry genannt, Verwandte der Preiselbeere, jedoch größer; Heidekrautgewächs

Morcheln
Speisepilz, frisch von Mai bis Mitte Juni, getrocknet ganzjährig; getrocknete Pilze müssen vor Verwendung in Wasser eingeweicht werden.

Nage
Ein Gericht wird à la nage serviert, wenn es nicht trocken angerichet wird, sondern mit einer Sauce aus dem eigenen Sud, vor allem bei Fischen und Meeresfrüchten.

Noilly Prat
Sehr aromatischer Wermut aus Marseillan, Südfrankreich

Nori
Rotalge, die getrocknet, zerkleinert, dann zu Blättern gepresst und geröstet wird. Bei der Zubereitung von Maki-Sushirollen verwendet, zerkleinert als Gewürz verwendbar

Okra
Fingerlange Schoten mit essbaren Kernen, roh und gedünstet genießbar, säuerlicher bohnenähnlicher Geschmack

Ossobuco
(italienisch: osso: Knochen, buco: Loch) Rinder- oder Kalbshaxenscheiben mit Knochen und Mark, klassischer Begleiter dazu sind Safranrisotto und Gremolata

Pancetta
Bauchspeck vom Schwein

Papillote
Fisch, Fleisch und Gemüse werden in einer Pergamenthülle, der Papillote, oder in Alufolie gegart, bewahrt den Geschmack und das Aroma

Parmigiano Reggiano
Hartkäse aus teilentrahmter Kuhmilch, hergestellt in der Lombardei oder in Emilia-Romagna; ursprungsgeschützte Bezeichnung im Gegensatz zu Parmesan, der inzwischen weltweit hergestellt werden darf

Passieren
Suppen und Saucen durch ein feines Sieb gießen, damit sie sämig und Kerne und Schalen herausgefiltert werden

Pastis
Aromatischer Apéritif aus Marseille, Südfrankreich, mit Sternanis, Süßholz und Lakritze. Die genaue Zusammensetzung ist geheim.

Pecorino
Italienischer Hartkäse aus Schafmilch (36 bis 40 % Fett i. Tr.); mit zunehmender Reife pikanter; als Reibekäse sehr beliebt; Varianten: Pecorino romano, sardo, toscano und siciliano

Piment d'Espelette
Im französischen Baskenland, im Nive-Tal, wird diese milde, aber äußerst aromatische Edel-Chilisorte angebaut, die in der gehobenen Gastronomie sehr beliebt ist.

Radicchio di Treviso
Diese Sorte ist ursprungsgeschützt und darf ausschließlich in Treviso, in Venetien, angebaut werden. Sie schmeckt milder und zarter als der gängige Radicchio rosso und hat längere Blätter.

Räucherofen
Tischräucheröfen, speziell für Fische, sind im Anglerbedarf erhältlich. Dort bekommt man auch Zubehör wie Buchenholzspäne.

Reduzieren
Durch Kochen bei großer Hitze wird Saucen oder Brühen das Wasser entzogen und sie erhalten so einen intensiveren Geschmack.

Ricotta
Frischkäse aus einer Mischung aus Kuh- oder Schafmilchmolke und Vollmilch; 8 % Fett i. Tr.

Robiola
Frischkäse aus teilentrahmter Kuhmilch, auch mit Schafs- oder Ziegenmilch verfeinert, mildsäuerlicher Geschmack; vor allem aus dem Piemont

Santa Maria Birne
Südeuropäische Birnensorte mit festem, saftigem Fruchtfleisch, süß-säuerlicher Geschmack

Sautieren
Kurzbraten in einer Pfanne bei starker Hitze; dabei werden zerkleinerte Fleisch-, Gemüse- oder Fischstücke in der Pfanne geschwenkt.

Sbrinz
Auch Brienzer Käse; Hartkäse aus Kuhvollmilch aus der Schweiz, 45 % Fett i. Tr., reift mind. 16 Monate, zum Reiben, Überbacken, aber auch als Dessertkäse

Scaloppine
Italienisch: Schnitzel

Scampo, scampi
Italienische Bezeichnung für Kaisergranat

Schluppen
Frühlingszwiebeln

Schwarze Nüsse
Spezialität aus der Pfalz: grüne, unreife Walnüsse werden im Ganzen in Zuckersirup eingelegt.

Schwarzer Knoblauch
Asiatischer schwarzer Knoblauch entsteht durch die Fermentierung einer Knoblauchknolle. Die Knolle wird dabei ca. 30 Tage bei bestimmter Temperatur und Luftfeuchtigkeit gelagert und verliert dadurch Schärfe. Der unangenehme Knoblauchatem bleibt aus, und das Aroma wird süßlicher.

Sepia
Zehnarmiger Tintenfisch mit schwarzer Flüssigkeit im Drüsenbeutel, zähes Fleisch, deshalb vor Zubereitung weich klopfen

Serranoschinken
Spanischer Schinken, ursprünglich von mit Eicheln oder Korkeiche gemästeten Schweinen, mit Meersalz gepökelt und luftgetrocknet

Sobrassada
Rohwurstspezialität von den Balearen, mit Paprika konserviert und ca. 4 bis 5 cm dick. Traditionell wird sie aus dem Fleisch schwarzer Schweine hergestellt und erhält durch die Trocknung eine Schimmelschicht. Fehlt diese, wurde die Wurst industriell hergestellt.

Strohschwein
Schwein aus artgerechter Tierhaltung auf Stroh

Taleggio
Weichkäse aus Kuhmilch. Ursprünglich aus dem Taleggio-Tal in der Lombardei. Durch das Waschen mit Salzwasser und Rotschmierekulturen rot-orange Rinde

Thaispargel
Dünner, grüner Spargel aus Thailand, Hauptanbaugebiet Bangkok

Vongole
Italienisch: Venusmuschel

Wasabi
Japanischer Meerrettich, Wurzel sehr scharf und zu Sushi und Sashimi gereicht; nicht mit europäischem weißem Meerrettich vergleichbar, häufig als Pulver oder Paste angeboten und mit weißem, grün gefärbtem Meerrettich ersetzt

Wildkräuter
Zum Beispiel Bärlauch, Gänseblümchen, Brunnenkresse, Brennnessel, Löwenzahn; möglichst an ungedüngten Stellen suchen, auch in Gärtnereien angeboten

Rezeptregister

Danke:

Volker Eisenmann (Rezepte S. 152, 154, 156)

Gourmetrestaurant Käfer-Schänke,
Prinzregentenstraße 73, 81675 München.
15 Punkte im »Gault Millau«. 1,5 F in der Zeitschrift »Der Feinschmecker«.
www.feinkost-kaefer.de/schaenke

Sven Elverfeld (Rezept S. 158)

Restaurant Aqua im Hotel The Ritz-Carlton Wolfsburg,
StadtBrücke, 38440 Wolfsburg.
3 Sterne vom »Guide Michelin«. 19,5 Punkte im »Gault Millau«. 5 F in der Zeitschrift »Der Feinschmecker«.
www.ritzcarlton.com/wolfsburg

Christian Jürgens (Rezept S. 160)

Gourmetrestaurant Überfahrt des Seehotel Überfahrt,
Überfahrtstraße 10, 83700 Rottach-Egern.
2 Sterne vom »Guide Michelin«. 19 Punkte im »Gault Millau«. 5 F und Koch des Jahres 2008 in der Zeitschrift »Der Feinschmecker«.
www.gourmetrestaurant-ueberfahrt.com

Thomas Kammeier (Rezepte S. 163, 164)

Hugos Restaurant im Hotel InterContinental Berlin,
Budapester Straße 2, 10787 Berlin.
1 Stern vom »Guide Michelin«. 17 Punkte im »Gault Millau«. 3 F in der Zeitschrift »Der Feinschmecker«.
www.hugos-restaurant.de

Kolja Kleeberg (Rezepte S. 166, 168)

Restaurant VAU,
Jägerstraße 54/55, 10117 Berlin.
1 Stern vom »Guide Michelin«. 17 Punkte im »Gault Millau«. 3 F in der Zeitschrift »Der Feinschmecker«.
www.vau-berlin.de

Harald Rüssel (Rezepte S. 170, 172)

Landhaus St. Urban,
Büdlicherbrück 1, 54426 Naurath / Wald.
1 Stern vom »Guide Michelin«. 18 Punkte im »Gault Millau«. 4,5 F in der Zeitschrift »Der Feinschmecker«.
www.landhaus-st-urban.de

Rezeptnachweis

Alle Rezepte stammen von Oliver Hoffinger. Folgende Rezepte wurden aus bereits in der Collection Rolf Heyne erschienenen Kochbüchern entnommen:

Risotto mit Pfifferlingen und wilden Heidelbeeren (S. 39):
Helge Kirchberger, Roland Trettl: »Fashion Food«.
München: Collection Rolf Heyne, 2008.

Morchelrisotto (S. 38); Risotto mit Hopfenspitzen (S. 48):
Martina Meuth, Bernd Neuner-Duttenhofer: »Der große Meuth Neuner Duttenhofer«. München: Collection Rolf Heyne, 2007, 3. Auflage.

Chicorée-Risotto (S. 73):
Arrigio Cipriani: »Harry's Bar Kochbuch«.
München: Collection Rolf Heyne 2005, 14. Auflage.

Risotto mit Lauch und Kürbis (S. 81):
Jason Lowe, Lori de Mori: »Bohnen & Brotsuppe«.
München: Collection Rolf Heyne, 2009.

Wasabirisotto (S. 49):
Risotto nach Masaharu Morimoto: »morimoto. Die neue japanische Küche«. München: Collection Rolf Heyne, 2009. Wasabicreme: Johanna Maier: »Meine Kochschule«. München: Collection Rolf Heyne, 2005, 2. Auflage.

Weißweinrisotto mit Calamaretti (S.93):
»Käfer – Einfach gut essen!«. München: Collection Rolf Heyne, 2008.

Safranrisotto mit geschmolzenem Schwertfisch und Zitronengremolata (S. 168): Kolja Kleeberg: »VAU«. München: Collection Rolf Heyne, 2008.

www.collection-rolf-heyne.de

2. Auflage 2012

Text: Monika Kellermann

Rezepte: Oliver Hoffinger (soweit nicht im Rezeptnachweis angegeben)

Rezeptredaktion: Irmgard Rumberger, Ramerberg

Umschlagabbildung: Luzia Ellert, Wien

Druck und Bindung: Printer Trento, Trento

Printed in Italy

ISBN 978-3-89910-394-6